CHINA LEGAL EDUCATION RESEARCH

教育部高等学校法学类专业教学指导委员会
中国政法大学法学教育研究与评估中心　主办

中国法学教育研究
2022年第2辑

主　　编：田士永
执行主编：王超奕

中国政法大学出版社

2023·北京

图书在版编目（CIP）数据

中国法学教育研究.2022年.第2辑/田士永主编.—北京：中国政法大学出版社，2023.1

ISBN 978-7-5764-0939-0

Ⅰ.①中… Ⅱ.①田… Ⅲ.①法学教育－中国－文集 Ⅳ.①D92-4

中国国家版本馆CIP数据核字(2023)第104822号

出 版 者	中国政法大学出版社
地　　址	北京市海淀区西土城路 25 号
邮寄地址	北京 100088 信箱 8034 分箱　邮编 100088
网　　址	http://www.cuplpress.com (网络实名：中国政法大学出版社)
电　　话	010-58908289(编辑部) 58908334(邮购部)
承　　印	北京九州迅驰传媒文化有限公司
开　　本	650mm×960mm　1/16
印　　张	17.25
字　　数	195 千字
版　　次	2023 年 1 月第 1 版
印　　次	2023 年 1 月第 1 次印刷
定　　价	75.00 元

目 录

百花园

法学教育

Legal Education

法学教育如何实现真善美的统一

——以法律逻辑课程为视角的思考

◎王思云　田　田　王志勇*

摘　要：在法学教育的过程中如何实现真善美的统一，既是一个基础性的理论问题，也是一个有重要意义的实践难题。通过对法律逻辑课程的考察显示，法学教育实现真善美统一的必要性体现在，法律人的本质在于追求真善美。法学教育实现真善美统一的可能性体现在，法律自身的逻辑具有"真"之因素、法律所追求的目标具有"善"之因素、法律推理活动本身具有"美"之因素。法学教育要实现真善美的统一，关键在于法学教师要具有发现真善美的意愿和能力，法科学生要具备追求真善美的主动性，相关教学评价也要体现真

　　* 王思云、田田均为河南财经政法大学法学院 2020 级法理学硕士研究生；王志勇，河南财经政法大学法学院副教授。

善美的因素。

关键词：法学教育　真善美　法律逻辑

一、导言

真、善、美，三者的统一是做学问的最高境界，也是知识分子追求的最高境界。[1] 在"新文科"建设背景下，[2] 法学教育也应顺应潮流，积极在学科教育中融入真善美，强化价值引领，促进学生的全面发展。关于法学真善美的讨论大多聚焦于法的一般性质的层面上，对于法学真善美与实践相结合的探讨却鲜有问津。[3] 法学教育中的"真"最直接的指向是法学知识的真理性，进一步会涉及法学自身的科学性问题。法学教育中的"善"是指法学所追求的积极价值，如正义、自由等价值。法学教育中的

---

〔1〕　参见宋圭武：《做学问要努力实现真善美的统一》，载《光明日报》2020 年 1 月 14 日，第 2 版。

〔2〕　2018 年 10 月，教育部等部门在决定实施"六卓越一拔尖"计划 2.0 时，首次在基础学科拔尖学生培养计划中增加了心理学、哲学、管理学、法学、中国语言文学、历史学等学科，"新文科"概念在我国首次亮相。2019 年 4 月，教育部、科技部、工信部等部门联合启动"六卓越一拔尖"计划 2.0，要求全面推进新文科建设，新文科建设工作组成立。2020 年 11 月，新文科建设工作组在山东大学召开新文科建设工作会议并发布《新文科建设宣言》。根据《新文科建设宣言》提出的分类推进理念，要实现"经管法助力治国理政"的目的，必须在充分尊重法学教育特点和法治人才成长规律的基础上，立足于中国特色社会主义法治建设的伟大实践，以"强化价值引领""社会需求导向""学科专业融合""实践培养人才"为基本遵循，通过创新发展实现传统法学教育的变革。法学教育中要强化价值引领。参见杨雅妮：《新文科建设背景下法学教育的变革》，载《新文科教育研究》2021 年第 2 期，第 80 页。

〔3〕　例如，德国学者拉德布鲁赫的作品中就有诸多关于法美学的思想。在中国，民国时期的吴经熊博士在其作品中将法学与美学相联系。在当代中国，舒国滢在其专著《在法律的边缘》中也阐释了法美学思想。随着时代的发展，我们可以发现越来越多的学者关注法学的真善美问题。但是，法哲学关注的真善美问题不应仅停留在理论层面，还应付诸实践服务社会。参见 [德] 古斯塔夫·拉德布鲁赫：《法哲学》，王朴译，法律出版社 2013 年版，第 109 页；吴经熊：《正义之源泉：自然法研究》，张薇薇译，法律出版社 2015 年版，第 43 页；舒国滢：《在法律的边缘》，中国法制出版社 2020 年版，第 42 页。

"美"是对法律文本以及法律活动的和谐性要求。法学教育实现真善美统一的关键在于发挥法学教师发现真善美的意愿和能力，法科学生要具备追求真善美的主动性，相关教学评价要具备真善美的因素，即在培养法科学生的过程中要完成"求知识之真，求正义之善，求和谐之美"三要素的结合。本文将以《法律逻辑》课程为线索展开讨论，因为《法律逻辑》课程作为一门基础性学科，对其他法学课程起到典范作用。作为一种尝试，本文拟从法律逻辑课程视角思考，法律的逻辑所具有的"真"，法律追求的目标所呈现的"善"，法律推理活动本身所体现的"美"。进而，本文将探讨在法学教育中如何实现真善美的统一从而促进学生的全面发展。本文的文章结构可分为三个部分，第一，法学教育实现真善美统一的必要性；第二，法学教育实现真善美统一的可能性；第三，法律逻辑课程实现真善美统一的路径。

二、法学教育实现真善美统一的必要性

学者周国平在谈到真善美时，颇有感触地说："真、善、美是人类古老而常新的精神价值。人类所追求的一切美好的境界，所使用的一切美好的词汇，几乎都可以归结到这三个词"[1] 同样，作为法学教育基础性的法律逻辑课程中所蕴含的真善美价值也为法律人所追求，因为"在人类的认识活动和实践活动过程中，人们都应追求真善美，当然，人们对于法治的认识和实践活动也如此，也应追求真善美"[2] 从法律逻辑课程的视角来看，之所以法学教育要实现真善美的统一，原因有以下几点：

---

〔1〕　周国平：《真善美》，载《党政论坛》2000 年第 3 期，第 46 页。
〔2〕　吕世伦主编：《法的真善美——法美学初探》，黑龙江美术出版社 2018 年版，第 51 页。

（一）法律人要具备追求真的能力

逻辑是一门关于思维的科学，恩格斯曾说过："关于思维过程本身的规律的学说，同人们的思维技巧、思维艺术，特别是与推理、论证的正确运用密切相关"。[1] 在法学教育的课程开展中，法律逻辑作为一门基础性的法学课程，是"铸魂育人"的关键性课程。作为一名法律人，其必然要学会运用科学的知识明辨是非，区分善恶。在法学教育中，法律逻辑课程教学的重要目的是帮助学生准确、严密地进行概念的表达与论证推理。法律逻辑课程追求的是知识的确定性，从本质上说，这是一种"求真"。从宏观角度来看，法律逻辑课程自身的知识体系是严整的，具有一套自洽完整的内容体系。从更为微观角度来看，法律推理要符合逻辑性要求，经典的"司法三段论"就是法律逻辑体现的载体之一。因此，在司法适用中，无论是侦查破案还是对案件的审理裁判，法律活动过程不仅是一个艰苦细致的实践活动过程，同时也是一个涉及思维艺术、具有复杂技巧的逻辑思维过程。作为一名法律人，其要通过求知识之真才能得出正确的结论。

（二）法律人要具备追求善的能力

"从古今中外思想家们关于'善'的论述中，我们可以得知善是道德上或功利上的正面价值。在此意义上，我们得出有关法之善是法律所追求的积极价值"。[2] 而且，通常来讲，"法律给人的直接印象是它对于公平和正义的维护。与此同时，大家也能够了解到法律调整的目的主要是维护稳定的社会秩序，为人们的

---

〔1〕 ［德］马克思、［德］恩格斯：《马克思恩格斯选集》第 4 卷，中共中央马克思恩格斯列宁斯大林著作编译局译，人民出版社 1972 年版，第 253 页。

〔2〕 吕世伦主编：《法的真善美——法美学初探》，黑龙江美术出版社 2018 年版，第 194 页。

生活和社会生产营造安定的环境"。[1] 法之善有各种各样的表现形态，包括正义、公平、公正、平等、自由、权利、民主、法治、秩序、安全、效益或效率等。法律实施的主要目的是维护社会秩序、营造舒适的生活环境，为社会提供有利的生产条件，从而为人们的精神追求提供相应的保障。在法学教育中，法律逻辑课程设置的主要目的是培养学生的法律思维和明辨是非的能力，增强学生的推理能力，以此确保在法律运行过程中的各个环节做到有理有据，从而更好地实现正义。从法律逻辑课程的设置方面来讲，该目的自身就蕴含了善的价值取向，求善是法律逻辑课程开展的应有之义，是法学教育自身发展不可或缺的重要环节。

（三）法律人要具备追求美的能力

"美"有两种含义：其一指美感，由此产生诸多主观论的美学理论，其认为美感产生美、决定美；其二指审美性质或审美素质，指客体所具有的美之所以为美的素质和属性。由此而产生客观论的美学理论。[2] 在我们看来，"法之美"中的"美"则是指法律所具有的美的属性。求"美"有利于实现法自身的发展，实现真善美的统一。"美"作为包含"真"又高于"真"、蕴藏"善"又超越"善"的实证形态和价值形态，可使法的"真"与"善"得到更充分的体现。因为"美"是社会历史长期积淀的产物，"美"既可启"真"，又可求"善"。因此，一般符合审美规律的东西往往也是"真"的和"善"的。[3] 法律逻辑课程重在

---

〔1〕　吕世伦主编：《法的真善美——法美学初探》，黑龙江美术出版社2018年版，第194页。

〔2〕　参见吕世伦主编：《法的真善美——法美学初探》，黑龙江美术出版社2018年版，第296页。

〔3〕　参见吕世伦主编：《法的真善美——法美学初探》，黑龙江美术出版社2018年版，第306页。

推理论证，而推理通常是指人们逻辑思维的一种活动，即从一个或几个已知的判断（前提）中得出一个未知的判断也即结论。在司法实践过程中，法律推理是法律人必备的技能。在法律推理过程中，大前提、小前提、结论的逻辑演绎不仅是求真的过程，也是求美的过程。换句话说，求美也可以提高思维能力，促进法律活动的逻辑展开。在法学教育中，求美是最高阶段的追求。

《法律逻辑》课程作为法学教育的核心课程，其想实现自身的完满发展就需要先实现求真、求善、求美的统一。作为一名法律人，其不仅需要追求法学知识之真，还要追求法律活动之善，更要掌握更高层次的法律技艺之美。由此，法学教育有必要实现真善美的统一，培养优秀的法律人。

三、法学教育实现真善美统一的可能性

一方面，在新时代下，为顺应新课改的要求，法学教育要重视课程教育自身所蕴含的真善美价值，完善法学教育。另一方面，法学教育本身其实就蕴含真善美的因素，具有实现真善美的可能性。

（一）法律自身的逻辑具有"真"之要素

"真"是指法学知识的科学性。法认识论涉及对法律知识属性的理解，法学方法论属于法认识论，法律逻辑应用于法学方法论，故研究法律逻辑是对法律知识属性的理解。[1] 法律知识属性主要围绕"法学是否是一门科学"展开，德语中对科学的直译是指系统形式的且用某种方法联系起来的知识。此种内涵尚不能

---

[1] 参见雷磊：《法律逻辑研究什么?》，载《清华法学》2017 年第 4 期，第 189 页。

用当下已知的任何英语单词来定义。因此，在此语境之下，不仅自然科学是科学，神学、法学、医学和专门的哲学研究都可以被视为科学，所有这些科学一起形成了普遍的无所不包的人类知识大厦，法学具备科学的属性是肯定的。[1] 从这个角度来看，我们也可以说法学是科学。通常而言，逻辑是一门关于思维的科学。思维是人脑的特殊机能，是在感性材料基础上对客观事物的能动反映活动。思维对客观事物的反映，不仅包括它反映的对象，还包括它反映对象的方式。思维反映客观对象的方式是思维形式，其包括概念、命题、推理等。思维形式是思维内容的载体，而思维内容是指概念的内容、判断的内容、推理的内容。思维形式离不开思维内容，思维内容也离不开思维形式，二者不是孤立存在的。思维的活动过程总是凝聚或包容于思维形式。"正是由于思维过程是对客观事物的反映过程，而且这种反映具有概括性、间接性特点，因此思维相对于被它反映的客观事物情况来说，就存在真假对错的问题，思维也有正确与不正确之分"[2]逻辑学是关于如何培养正确思维的科学，抑或是一门关于如何进行正确推理的科学。无论是在立法过程还是司法过程中，都离不开法律逻辑的运用，法律的制定、案件的推理、法律的适用等，每一个过程都要遵循逻辑的规律，违反逻辑规律的活动是错误的。在立法、司法过程中，论证要有说服力，才能确保结论是真且正确的。可以说，法律活动的每一个环节都离不开逻辑，都离不开"真"之要素。

---

〔1〕　参见王夏昊：《"法学科学性"的论域：关于它的谈论何以有效?》，载《甘肃社会科学》2020年第5期，第120页。

〔2〕　雍琦：《法律逻辑学》，法律出版社2004年版，第10页。

(二) 法律追求的目标具有 "善" 之因素

法律是正义的化身，也是善的象征。法律的 "善" 分为形式上的 "善" 和实质上的 "善"。法律形式上的 "善" 是通过法律的外部形式特征展现的，例如富勒、菲尼斯的法治原则。[1] 由此，法律的外部形式特征大致包括法的公开性、明确性、普遍性、可行性、可预测性，等等。大众了解法律，首先就是从法律的外部特征开始的，法律要想在社会实现自己崇高的价值追求，其自身就首先必须具有形式上的 "品质和能力"。实质上的 "善" 是指法律除了具备基本形式要件以外，还应追求正义、人权、平等等实质价值，以此实现法律内容的实质正当性。基于此，有学者认为形式的 "善" 是浅层次的 "善"，实质的 "善" 是深层次的 "善"，[2] 有学者从而主张实质的 "善" 是法治的必然选择。[3] 在法律发展的早期阶段，它没有如今这么严密，只是一些简单的规则，体现了朴素的实质正义立场。随着社会的发展，法律调整的范围逐渐扩大，保护法益的面也越来越广，法律更为重视程序的形式价值。随着社会的进步，我们对法律的要求既包括公开性、明确性、普遍性、可预测性等形式特征，也要求其要与实质价值紧密相连，如民主、自由、平等、人权等。可以说，现代化的法律要同时具备形式的 "善" 与实质的 "善"。在当今时代大背景下，法学教育也应重视法律本身所蕴含的形式与实质价值。

---

〔1〕 参见王志勇：《经典形式法治观的两难困境及克服——从富勒到菲尼斯》，载《北方法学》2021 年第 4 期，第 139~143 页。

〔2〕 参见江必新：《论实质法治主义背景下的司法审查》，载《法律科学（西北政法大学学报）》2011 年第 6 期，第 46~55 页。

〔3〕 参见李桂林：《实质法治：法治的必然选择》，载《法学》2018 年第 7 期，第 71~82 页。

（三）法律推理活动本身就具有"美"之要素

"美"是指法律所具有的美的属性。法律逻辑课程是一门应用性质的学科，它特别强调运用逻辑知识解决实际的法律问题。法律逻辑学是培养法科学生逻辑思维的基础学科，是法科学生们掌握逻辑思维的基本知识、基本理论、基本方法，为今后从事法律工作打下坚实的逻辑知识基础。在法律逻辑课程学习过程中，学生会发现许多"美"的法律活动，诸如法律逻辑符号的简洁之美、法律推理过程中三段论的清晰之美，这些是在法律推理过程中运用法律逻辑思维必不可少的活动。

一方面，法律逻辑符号本身体现了语言的简洁美。在法律逻辑授课过程中，法律人会使用专业的逻辑符号进行表达，因为法律的逻辑语言往往简洁、精确、并且优美。例如，下面这个劝人结婚的推理：

如果你娶到一个好老婆，你会获得人生幸福。

如果你娶到一个坏老婆，你会成为一位哲学家。

你或者娶到一个好老婆，或者娶到一个坏老婆。

所以，你或者会获得人生的幸福，或者会成为一位哲学家。

如果我们从逻辑角度来看，其逻辑形式如下：

如果 P，那么 R。

如果 Q，那么 S。

P 或者 Q。

所以，R 或者 S。

进一步，我们可以用逻辑符号表示为：

$$[(P{\rightarrow}R) \lor (Q{\rightarrow}S)] \land (P \lor Q) \rightarrow (R \lor S)。$$

冗长的语言文字通过转化变为逻辑符号，体现了法律逻辑的简洁之美，这有利于减轻法律工作者的负担，提高法律工作者的工作效率。

另一方面，法律逻辑中的推理步骤体现了逻辑推理的严谨之美。法律逻辑推理有多种类型，包括演绎推理，归纳推理，类比推理，设证推理，等等。每种推理的推理步骤都不相同，都有自己独特的推理模式。在这里我们以三段论推理为例，展示其推理步骤的清晰美。甲带一把土枪、乙带一瓶 1000 毫升的硫酸参加集会，乙的行为是否构成非法携带武器参加集会罪。在本案例中，核心问题是证明硫酸是否是武器，证明了硫酸是武器后就可得出乙的行为构成《中华人民共和国刑法》第 297 条的非法携带武器参加集会罪。展开推理如下：

推理 1　得出前提性结论 1：

非法携带武器、管制刀具、爆炸物参加集会、游行、示威罪。

非法携带武器。

非法携带武器参加集会的构成非法携带武器参加集会罪。

推理 2　得出前提性结论 2：

在集会中具有危险性的都是武器。

硫酸在集会中具有危险性。

硫酸是武器。

推理 3　判决性结论：

非法携带武器参加集会的构成非法携带武器参加集会罪。

乙非法携带硫酸参加集会。

乙构成非法携带武器参加集会罪。

由此，我们可以更为清楚地呈现其中推理步骤，进而展现法律逻辑的清晰之美。

总结而言，首先，法律人要探寻法学知识的"真"属性，这尤其体现在法律逻辑本身具有的"真"之要素。其次，法律所追求的目标应该是"善"的化身，它是指引着我们努力追寻的方向。最后，法律人要具有审美意识并且利用法律逻辑中法律活动所蕴含的"美"去解决法律问题，服务实践，以此提升法律工作者的工作效率，其是升华。真是基础，善是方向，美是升华。没有真，善和美会没有坚实的基础。没有善，真和美会没有正确的方向。没有美，真和善的效力会减损。

四、法学教育实现真善美统一的途径

法学教育如何实现真善美的统一呢？我们仍旧可以通过法律逻辑课程如何实现真善美的统一来进行微观的考察。为顺应新文科的课改背景，法律逻辑课程实现真善美的统一不是简单地升级教学课件、增加真善美元素的教学内容那么简单，它的实现需要教师主体、学生主体、教学评价机制等方面的协同发力。下文将结合林肯律师的经典辩护来展开讨论。

（一）导入法律逻辑课程的经典案例：林肯的经典辩护

小阿姆斯特朗被人指控图财害命，原告收买了福尔逊作证人，一口咬定亲眼看见小阿姆斯特朗开枪击毙被害者。小阿姆斯特朗有口难辩，林肯主动担任了他的辩护律师。其中有这样一段法庭对话：

林肯：你认清是小阿姆斯特朗吗？

福尔逊：是的。

林肯：你在草堆后面，小阿姆斯特朗在大树下，相距有二三

十米，你能看清楚吗？

福尔逊：看得很清楚，因为当时月光很明亮。

林肯：你肯定不是从衣着等方面认清的吗？

福尔逊：不是从衣着等方面看清楚的，我肯定是看清了他的脸，因为月光正照在他脸上。

林肯：具体时间也能肯定吗？

福尔逊：完全可以肯定，因为我回到屋里时，看了时钟，正是 11 点 15 分。

林肯：这个证人是一个彻头彻尾的骗子，他一口咬定 10 月 18 日晚上 11 点左右，他在月光下认清了被告人的脸。请大家想想，10 月 18 日那天是上弦月，到了晚上 11 点，月亮早下山了，哪里还有月光？退一步说，也许他时间记得不十分精确，当时时间稍有提前，月亮还没有下山。但那时月光应是从西边往东边照射，草堆在东、大树在西，如果被告脸朝大树，月光可以照到脸上，可是证人根本就看不到被告的脸。如果被告脸朝草堆，那么月光只能照在被告的后脑勺上，证人又怎么能看到月光照在被告的脸上、又怎么能从距离二三十米的地方看清被告的脸呢？

当林肯一口气说完这些话的时候，在场的人都沉默了。接着，掌声、欢呼声一起迸发出来。福尔逊无地自容，小阿姆斯特朗无罪释放。

法律逻辑学案例教学的最终目的是培养法学学生的法律逻辑思维能力，教师要将其中的逻辑推理形式完整地展现给学生。分析林肯律师的辩护逻辑，林肯律师运用的就是这样一个二难推理：

如被告脸朝大树（P），证人看不到被告的脸（R）。

如被告脸朝草堆（Q），月光不可以照到脸上（S）。

证人：月光可以照到脸上（非S），并且看到被告的脸（非R）。

所以，被告脸朝大树（非P），并且被告脸朝草堆（非Q）。

进一步，教师可以将之更为简洁地表述为：

〔（P→R）∨（Q→S）〕∧（¬R∨¬S）→（¬P∨¬Q）。

由于被告不可能同时脸朝大树（非P）并且脸朝草堆（非Q），所以证人必然在作伪证。在此案例中，林肯先生将法律逻辑真善美的统一展现得淋漓尽致。林肯律师之所以能获胜就是依靠法律逻辑实现真善美的统一。

（二）法学教育实现真善美统一的路径

回到我们的法学教育中来，法学教育要实现真善美的统一，可以从如下几个路径展开：

第一，从教学主体法学教师的角度出发，法律逻辑课程实现真善美统一的关键在于发挥法学教师发现真善美的意愿和能力。例如，在法律逻辑课程中融入真善美价值的重点在于提高学生明辨是非的能力以及学生对法律中所蕴含的真善美的接受、感知和认同。因此，法学教师的教学重点就在于引导学生在法律课程中接受、感知和认同其中所蕴含的真善美。在教学过程中，法学教师应创新教学方式，改变机械地讲授课本中的知识，法学教师应采用现代化的教学方法，揭示法学课程中所蕴含的真善美元素，重视学生的主体地位，引导学生主动地去学习。法学教师在授课过程中要主动带领学生们去探寻法学知识的科学性，感受法律实践活动中的美，追寻法律的积极价值。比如，在授课过程中，法学教师可以PPT的形式导入本章节的经典案例，向同学们展示二难推理的全过程，探寻二难推理背后蕴含的逻辑知识，在推理活动中显现美元素，最终引导学生利用法律维护公平正义。法学教师在讲授课程中要将法学知识背后的真善美要素有机结合起来，以润物无声的方式传递真善美。作为法律逻辑课程的教师，要想在法律逻辑课程中实现真善美的统一，教师须在授课过程中一直保持探寻真善美的热情，追求知识的真善美，以此实现法律逻辑课程真善美的统一，这不仅在理论上是必要的，并且在实践中也是可能的。

第二，从受教育主体学生的角度出发，法律逻辑课程实现真善统一的关键在于调动学生探寻法律逻辑课程中所蕴含的真善美的主动性，发挥学生的主体作用。例如，要在法律逻辑课程中实现真善美的统一，就需要激发学生主动表达自己对法律逻辑课程中真善美的认知，以便教学活动的有效开展。首先，法科学生需要积极主动地认识到法律逻辑课程中所蕴含的真善美要素。比如当教师在讲授二难推理时，在引入本节的经典案例林肯律师的辩护词后，面对老师的提问：此案例所蕴含的真善美要素体现在哪里？学生要积极地利用自己现有的知识表达自己对二难推理所蕴含的真善美要素的理解。其次，法科学生要善于发现二难推理所蕴含的不同的真善美要素，发挥学生的个体作用。最后，每位学生的思维方式都是不同的。因此，在教学活动中，就需要法学教师在授课过程中有耐心并且根据学生的具体情况有针对性地解决问题。此外，在学生表达见解时，教师可以与学生互动，共同交流探讨此案例中所蕴含的真善美，使学生能够深刻认识到法学知识是真善美的统一。

第三，从教学评价角度出发，教学评价是教学实践的重要组成部分，法学课程教学评价要包含真善美的因素。例如，法律逻辑课程要实现真善美的统一，这就需要重视多方评价，并且有效利用评价的诊断和发展功能，以此实现法律逻辑课程真善美的统一。及时、有效全面的评价信息能够促进法律逻辑课程真善美的统一，使其更具科学性和针对性，由此引领学生发现法律的真善美，真正做到知行合一。当然，学生是独立的个体，每个学生的视角、见解、经验、解决问题的方式均是不同的。比如针对"林肯律师辩护"的讨论，有的同学认为证人做了伪证；有的同学认为证人没有作伪证，这是学生对案件的直观感受。学生经过讨论，并运用所学知识，对案件进行推理论证会得出支持自己论证的根据。教师也是独特的个体，其对于法学中的真善美的理解也有所不同。相关教学评价要具有一定的包容性，从而最大限度地激发教师的积极性，从而引导学生将法学中所蕴含的真善美内化于心、外化与行。

为顺应新时代的法学教育改革，实现法学教育真善美的统一。我们要处理好教师、学生、教学评价机制三者之间的关系。在传统的法学教育模式里，教师是授课者，学生是听讲者，教师居于主导地位，而教学评价机制一直未受重视，占据较小地位。在新课改背景下，为实现法学教育真善美的统一，我们改变了传统的法学教育模式，学生，教学评价机制的地位得到提升，与教师地位同等受到重视。要实现真善美的统一，法学教育需要教师、学生、教学评价机制的共同作用。首先，法学教育要实现教师和学生之间的良性互动关系，重视学生的主体地位，改变传统的教授模式，营造教师与学生共同探讨知识、共同得出结论的学术氛围，让学生真真切切参与到教学活动中，使学生更加深刻地理解法学教育的真善美。其次，教师要重视教学评价机制，重视教学评价的作用，教师在接收到学生的反馈信息后，要平常心看待教学评价，及时反思与改进自己的不足，与学生共同进步，真正做到将法学教育中的真善美落到实处。最后，学生要认真对待教学评价，学生在接受教育的过程中要及时地将自己的所知所感反馈给教师，学生在反馈时要做到真实、公正、合理，做到不唯上、不唯书、只唯实，做真学问。法学教育要想实现真善美的统一，关键在于法学教师、学生、教学评价机制的有机结合。

五、结语

上文论述法学课程本身所具备的真善美，由此我们可以得出法学课程真善美统一的实现既有必要性又有可能性。同时，我们也要看到法学教育实现真善美的统一不是一蹴而就的，而是一个长期的发展过程。我们要重视法学教师的主体作用，学生的互动作用，以及教学评价的作用，更好地促进在法学教育中实现真善美的统一。此外，毋庸讳言，中国当下的法学教育总体而言仍旧具有许多问题，其中尤其严重的是"填鸭式"教育方式。[1] 由于法学教师过于注重法条内容的灌输和考察，导致学生将大部分精力花费在记忆法条上，从而忽视了法律所蕴含的逻辑问题，更无暇顾及法律中的审美问题。所以，如何在法学教育中真正实现真善美的统一，就变成一个亟待解决的法学教育难题。这样一个难题的解决需要的不仅是宏观理论的探究，更需要结合具体课程展开的微观分析，本文结合法律课程展开的讨论就是一个尝试。

---

〔1〕 参见王志勇：《法学教育的目标究竟是什么？——对富勒法学教育观的审视与反思》，载杨宗科主编：《法学教育研究》（第 32 卷），法律出版社 2021 年版，第 248~249 页。

新时代背景下高端应用型法治人才培养模式探索

——以人大法学院法律硕士教育改革为例[*]

◎宋　晔[*]

摘　要： 新时代中国法治建设亟须培养一批服务国家发展战略、回应前沿实践、具有全球治理能力的高端应用型法治人才，法学教育进入了一个崭新的阶段。针对高端应用型法治人才培养过程中存在的人才培养体系欠缺、高端实务课程体系化缺乏、案例教学模式单一、法律实务部门参与不足等问题，高校应承担起法律硕士教育转型升级的使命。中国人民大学法学院通过建立"联动式"和"进阶式"的高端应用型法治人才培养体系，构建案例分析、专题研讨、实务前沿、法律技能、实战训练等五个模块的高端实务课程体系，创新引导分

　＊　中国人民大学科学研究基金项目成果（中央高校基本科研业务费专项资金资助，项目编号：20XNE004）。

　＊　宋晔，中国人民大学法学院教务科副科长。

析型、研讨思考型、模拟实践型、实操参与型等四类教学方法，以高端实践平台为依托，实现高校与实务部门协同育人等有益探索，推动法治人才培养模式的改革，具有示范效应。

关键词： 法律硕士教育　高端应用型法治人才　人才培养体系　案例教学　协同育人

一、问题的提出：新时代背景下如何实现法律硕士教育的供给侧改革?

党的十九大报告宣告中国特色社会主义进入新时代，全面依法治国所涉及的问题不断涌现。大数据、人工智能、区块链等新技术浪潮给法律制度带来了前所未有的挑战，新科技领域法治建设的重要性日益凸显。中国积极参与全球治理体系改革和建设，日益走近世界舞台中央，面临的法律风险日渐增多。全面依法治国要坚定不移坚持习近平法治思想，统筹推进国内法治和涉外法治。[1] 法学教育在全面依法治国中具有基础性先导作用，[2] 法治人才培养要面向国内法治和涉外法治的双重需求，[3] 应培养一批服务国家发展战略、回应前沿实践、具有全球治理能力的高端应用型法治人才。

我国法律专业学位以培养高层次应用型法律人才为初衷，距今已发展了 20 余年，虽然为国家法治建设输送了大量高素质的

---

〔1〕　参见《习近平在中央全面依法治国工作会议上强调 坚定不移走中国特色社会主义法治道路 为全面建设社会主义现代化国家提供有力法治保障》，载《人民日报》2020 年 11 月 18 日，第 1 版。

〔2〕　张文显：《习近平法治思想的理论体系》，载《法制与社会发展》2021 年第 1 期。

〔3〕　参见杨宗科：《习近平德法兼修高素质法治人才培养思想的科学内涵》，载《法学》2021 年第 1 期。

实务型人才，但当前法律硕士教育并没有跟上时代发展的步伐。一方面，新一轮科技革命为法学教育带来了知识困境与就业困局，[1] 兼具法律知识和互联网技术的法治人才凤毛麟角；另一方面，法治人才队伍尚无法与经济全球化、国际关系法治化的发展趋势全面接轨，更难以满足构建国际社会民主、公正、合理新秩序的迫切需要。[2] 目前我国法律专业学位规模庞大、研究方向众多，但由于高校未能构建适应新时代发展需求的人才培养体系和实践教学体系，导致学生法治能力培养效果欠佳，高端应用型法治人才存在较大缺口。在法学教育的新时代，应当有一部分院校去承担培养高端法律人才的历史使命。[3] 法律硕士培养单位应以问题为导向，推进法律硕士教育供给侧改革，培养具有跨学科知识体系和思维能力，具有中国立场和全球观念、通晓国际规则的高端应用型法治人才。

二、高端应用型法治人才培养的现实困境

随着新时代法律硕士教育改革的不断推进，已有高校对高端应用型法治人才培养模式进行探索和反思。例如，北京大学围绕高端法治人才培养，推行包括全新分类课堂教学、丰富实践教学方式以及革新考核检验机制在内的以"有效教学"为核心的实践教学改革措施。[4] 中国政法大学从服务社会和公共治理需求出

---

〔1〕　参见张建文、潘林青：《人工智能时代法律人才培养的新起点、新理念与新方案》，载《法学教育研究》2021 年第 1 期。

〔2〕　张欣：《"首届全球治理卓越法律人才培养高端论坛"会议纪要》，载《经贸法律评论》2019 年第 3 期。

〔3〕　参见徐显明等：《改革开放四十年的中国法学教育》，载《中国法律评论》2018 年第 3 期。

〔4〕　参见徐晓颖：《法律专业学位研究生的实践教学改革——以北京大学法律硕士（非法学）项目为例》，载《法学教育研究》2019 年第 4 期。

发，增设高端国际法律实务课程以及网络人工智能法等系列强化课程和相关法律诊所，以培养适应现实需求的法治人才。[1] 高校改革在取得阶段性成果的同时，也面临一些现实困境。

（一）适应新时代国家法治建设要求的人才培养体系尚未形成

现阶段高端应用型法治人才的培养缺乏独特的培养模式、具体实现方式以及相应的保障制度，在培养主体、师资队伍、课程体系等方面基本沿袭原有模式，导致高端应用型法治人才培养模式的缺失。例如，有些高校虽已设置"法律+科技""法律+外语"等课程，但授课和培养主体仍以法学院为主，具有跨学科知识背景的师资力量十分有限，跨学科课程数量仅为零星几门，体系化欠缺。授课内容主要偏向法律，法律和科技或者法律和外语的结合仅限于知识点的简单拼凑，不利于学生跨学科知识体系的构建和跨学科思维的养成。除了新设课程，有些高校还设立"法律+科技""法律+外语"等硕士项目，但项目未设置准入门槛，很多本科并非信息技术或外语同类专业的学生也能进入项目学习，没有将学生的硕士专业与本科专业进行有机结合，仅为"形式性"的知识复合，[2] 再加上跨学科课程体系的不完善，学生很难真正掌握扎实、系统的跨学科知识，与人才培养的预期目标相去甚远。

---

〔1〕 参见宗婷婷：《新时代法律硕士教育的制度性困境与创新逻辑》，载《中国法学教育研究》2020 年第 2 期。

〔2〕 目前大多数院校并未将非法本法律硕士的教育教学与之本科专业知识有机衔接起来，缺乏实质的知识复合、能力复合机制，以致通过简单多学科教育经历叠加所培养出的"外观"意义上的复合型人才，与行业所期待的具有真正复合知识运用能力的人才还有较大差距。参见郑春燕、王友建：《非法本法律硕士培养模式的体系性再造》，载《研究生教育研究》2020 年第 5 期。

（二）缺乏体系化的高端实务课程体系

高端实务课程是以学生参与、模拟、演练等为主的法律实践课程，能够培养学生运用"法律+科技""法律+外语"等交叉学科知识解决法律问题的综合应用能力。由于法律硕士课程体系长期以来是对学术型硕士课程的"简单移植"，课程结构以学科为中心，[1] 局限于某个学科知识体系，导致学科相互割立，以及知识提升和能力培养被强行分割的局面。在高端实务课程体系中，高校缺少培养学生法律实践能力的导向，且难以打破学科壁垒，课程没有紧贴法律实务前沿。此外，当前高校普遍处于高端实务课程的探索阶段，对课程设置是否具有内在逻辑层次、是否符合人才培养规律等问题认识不足。部分高校虽然开设了很多实务课程，常见的有案例分析课、模拟法庭训练课、法律诊所课等，但对于不同课程在教学目标、教学内容、教学方法上没有具体区分，课程设置同质化严重。总之，目前高校未能构建体系化的高端实务课程体系，难以满足学生不同实践能力培养的需要。

（三）案例教学模式较为单一：以"讲授型"为主

高端实务课程以案例教学为主要手段，训练学生运用理论知识解决案例和论证说理的基本能力。虽然案例教学模式应用广泛，但课程效果却不尽如人意。不同课程案例教学手段差异很小，教学内容和方法都较为单一，没有层次性和进阶性。例如，同一主题实务课程，案例分析课侧重于围绕案例讨论分析，模拟法庭训练课侧重于围绕案例模拟法庭对抗，虽然后者引入了实践能力的训练，但是案例、对抗环境等因素与真实情况仍然差距较

---

〔1〕　李金碧：《硕士研究生课程设置的反思与范式重构——基于后现代主义课程理论的视角》，载《教育研究》2017 年第 4 期。

大，更像是另一种形式的案例分析课，不同课程之间无法协调搭配，很难对不同实践能力的学生实施相应训练。此外，目前高校师资仍以学术为基本导向，[1] 缺乏独立的实践型教师队伍，案例教学的有效性难以保障。一方面，校内教师缺乏实务经验，教学拘泥于一对多的讲授模式，案例主要用来佐证课程知识点，分组演练等以学生为主的方式较少，与其他课程没有形成鲜明的区分。另一方面，邀请法官、检察官、律师等实务专家讲授的课程同样以"填鸭式"的讲授方式为主，与校内教师、学生缺乏讨论互动，实务资源的作用没有真正发挥出来。

(四) 高端应用型法治人才培养缺乏法律实务部门的深度参与

全面依法治国对法治人才实践能力培养提出了更高要求，需要引入法律实务部门的实践教学资源，使学生了解中国法治实践、提升法律实践能力。但是，高校长期以来被视为法治人才培养的责任主体，法律实务部门很少参与到人才培养过程中来，尚未形成支撑高端应用型法治人才培养的高端实践平台。由于高校和法律实务部门缺乏深度合作的长效机制，对法律实务部门没有形成有效的约束机制，导致高校与法律实务部门合作方式较为单一、合作内容流于形式。高校邀请法律实务部门的实务专家授课时，以"拼盘式讲座"为主，课程效果很大程度上取决于实务导师个人，而实务导师由于经常工作出差、加班等原因无法全身心投入实践教学中去，课程质量难以保障。学生赴法律实务部门实习时，缺乏实质性的工作内容，鲜有机会真正参与承办案件，加

---

〔1〕 参见袁钢：《我国法学研究生教育制度问题与对策研究》，载《中国法学教育研究》2020 年第 1 期。

之实习导师的指导不足，导致实习对学生法律实践能力的提升帮助不大。

三、中国人民大学法学院高端应用型法治人才培养模式的有益探索

新时代背景下，构建高端应用型法治人才培养方案体系既需要建立科学合理的人才培养体系，也需要对课程体系、教学模式、实务资源等培养要素更新整合。基于此，中国人民大学法学院对法律硕士教育改革创新，构建了高端应用型法治人才培养范式。

（一）建立"联动式"和"进阶式"的高端应用型法治人才培养体系

人才培养体系是人才培养的制度基石，是人才培养各环节有效衔接、顺利实施的制度保障。高端应用型法治人才培养的关键在于培养学生的知识复合能力和全球治理能力，建立"联动式"和"进阶式"的人才培养体系，有利于学生构建跨学科、跨法域的知识体系，培养其跨学科思维能力。

实践中，美国斯坦福大学已有设立跨学科专业的经验，[1]学生学习时不再局限于某个学科或某个专业领域，而是通过多个学科整合自己的知识和技能，形成网状化的知识体系，培养解决问题的综合应用能力，值得借鉴。中国人民大学法学院探索设立

---

〔1〕　斯坦福大学"法律、科学和技术"法律硕士专业项目向学生提供"法律＋科技"方面的高水平实践项目，以及跨学科分析的学术和专业培训，包括电子商务、司法管辖权和争议解决等领域，涉及信息产业、风险投资和高科技创业公司，以及有关生物技术和健康科学问题的知识产权法和合同法。参见龚向前、李寿平：《"法律＋科技"复合型高端人才培养的实践与思考》，载《学位与研究生教育》2019年第2期。

跨学科专业，将国际关系学院、新闻学院、经济学院、外国语学院等纳入主体培养单位，联合设立"国际商事争端预防和解决"涉外法治项目，由法学院提供国内法、外国法、国际法等法律专业课程，由其他学院提供《国际关系基础理论》《国际传播理论与实践》《国际经济学》《法律翻译》等，形成"法律+外语+N"跨学科课程。项目导师除了法学院导师外，还包括外国语学院导师以及中国国际经济贸易仲裁委员会、中国国际贸易促进委员会等涉外法律实务部门导师。中国人民大学法学院打破院校和学科界限，构建跨院系、跨学科的"联动式"人才培养体系，有利于强化跨学科师资队伍和课程建设，使学生掌握整合不同学科的理论以理解和解决问题的方法。面对新时代对法治人才培养的新要求，高校应尝试借鉴美国加州大学洛杉矶分校等学校设立联合学位的经验，[1] 设置一批"法律+科技""法律+外语"交叉学科联合专业学位，促进不同学科的深度融合。

法律（非法学）专业学位的设立是为了促进本科、硕士不同学历层次间的专业融合，形成本硕连贯的"进阶式"人才培养体系，从而实现跨学科法治人才的培养。很多高校在法律（非法学）专业学位下设置了涉外律师、食品安全等不同研究领域的子项目，对这些项目设置准入门槛，将本科专业背景作为筛选条件之一，以期实现硕士专业与本科专业的紧密结合。中国人民大学法学院近年来设立了一批"法律与科技""数字经济与区块链治

---

〔1〕 在"法律+科技"领域，美国加州大学洛杉矶分校与其他专业学院和部门合作，提供"联合学位"（joint degree）。例如，该校法学院学生可到安德森管理学院、医疗保健学院学习，根据学分情况来获得"联合学位"；专注于法律和科技哲学项目的学生通过探索科技哲学来加深对法律的理解，从而为追求学术职业的人提供了理想的知识储备。参见龚向前、李寿平：《"法律+科技"复合型高端人才培养的实践与思考》，载《学位与研究生教育》2019 年第 2 期。

理"等法律与新技术领域交叉融合的新型硕士项目，优先选拔本科专业为信息技术、金融、工商管理、经济等具有跨学科知识背景的研究生进入项目学习。法学院根据学生本科专业匹配相应的硕士项目，制定对应的跨学科课程组合、培养模式，培养学生攻关大数据、云计算、人工智能、数字经济、区块链等新技术引发的不同新型法律问题的能力。为充分发挥"进阶式"人才培养体系的优越性，高校应尝试建立跨学科本硕连读人才培养模式。例如，在培养涉外法治人才方面，可以考虑让学生从本科开始学习英语与法律，颁发双学士学位，并在研究生阶段主修法律。学校根据学生每阶段特点设计培养目标和课程内容，将学生本科四年学习纳入跨学科人才培养的总体进程，使跨学科知识体系更具有融合性、连贯性。

（二）淡化学科界限，构建"五模块"高端实务课程体系

新时代下，法律职业已经开始从法律专业化向着多行业融合的方向发展，[1] 单纯依靠部门法知识已经不能满足新的社会需求，法治人才需要熟悉人工智能、互联网、经济、金融、涉外法律等不同领域的知识。为满足知识复合型法治人才的培养需要，高端实务课程设置应淡化学科界限，以培养学生解决问题的能力为核心，与国家法治建设和全球治理接轨，选取司法实践中重要的议题组织和实施课程。中国人民大学法学院在实务课程设计中突破学科限制，课程内容以"法律+科技""法律+外语+N"跨学科知识为主，紧扣全球与中国法治重大前沿问题，开设《大数据、金融科技与法律监管》《网络法学》《人工智能与法律规制》

---

〔1〕　孙昊亮、王萌：《新时代人工智能发展下的法学教育》，载《法学教育研究》2019 年第 4 期。

《大数据智能司法》《国际民事诉讼与仲裁》《国际冲突与危机管理》等课程，培养学生运用法律知识处理法律实务前沿问题的综合应对能力。

有学者指出，专业硕士的实践能力包含一般实践能力、专项实践能力和情境实践能力。[1] 基于这三种实践能力的特点和实现方式不同，应设置不同的课程模块来满足不同实践能力培养的需要。中国人民大学法学院按照实践能力培养路径的不同将高端实务课程分为案例分析、专题研讨、实务前沿、法律技能、实战训练五大模块。案例分析模块开设《国际商事经典案例研究》《境外投资与收购案例研究》等课程，主要对国内外代表性案例解析。专题研讨模块开设《电子商务法专题研修》《数据法学专题研修》等课程，主要围绕某个热点问题进行小班研讨。实务前沿模块开设《跨国并购法律实务》《互联网审理机制创新与审判实务前沿》等课程，主要紧扣法律实践中前沿问题讨论。法律技能模块开设《涉外模拟法庭训练》《涉外法律谈判》等课程，主要涵盖模拟法庭训练、法律谈判、法律写作、法律检索等法律技能训练课程。实战训练模块开设《诊所式法律教育（互联网+金融）》等课程，主要包含法律诊所、实习实训等法律实际操作训练内容。不同课程模块设定了不同教学目标和功能，前两者以学生法律知识体系的构建为主，着重对专项实践能力的培养，而后三者以学生法律实操技能和法律实务能力的训练为主，侧重对情境实践能力的培养。

---

〔1〕 一般实践能力指身体能力、智力能力、心理能力。专项实践能力指专业知识获取能力、专业知识应用能力。情境实践能力指识别能力、分析能力、战略决策能力、沟通协调能力、领导能力和总结能力。参见黄锐：《以实践能力为核心的专业硕士培养模式探究》，载《教育研究》2014 年第 11 期。

（三）构建"四类型"案例教学模式，引入"双师同堂"教学

我国案例教学对美国"个案教学法"和德国"实例研习法"均有借鉴，但我国既不是美国的判例法法系，又不像德国法律那样体系化、法典化，应结合高校法学教育资源对案例教学方法加以改良。[1] 中国人民大学法学院根据课程设置和教学师资等实际情况，主要实施引导分析型、研讨思考型、模拟实践型、实操参与型等四类教学方法，应用于高端实务课程的不同模块。引导分析型多用于案例分析模块，采用教师讲授引导、学生分析的方式，以强化学生对理论知识点的理解、培养学生的逻辑分析能力为主，培养学生运用理论知识解析案例的逻辑论证、思辨能力。研讨思考型多用于专题研讨模块，采用教师和学生共同研讨的方式，以提升学生前沿问题知识储备、掌握抽象基本原理为主，围绕新发生、典型性、专业性强的某个特定法律前沿领域案件进行案例研讨。模拟实践型多用于实务前沿和法律技能模块，采用学生模拟、教师点评的方式，以提升学生解决法律实务前沿问题的实操技能为主，让学生以真实案例为基础模拟演练法庭辩论、谈判、会见当事人和提供咨询服务等。实操参与型多用于实战训练模块，采用学生实操、教师指导的方式，学生在法律诊所课程或者实习中获得现实的法律经验，在教师的监督和指导下参与到复杂且具有对抗性的司法实践当中，提升处理真实的法律案件的综

---

[1]　德国法学教育的目的主要是培养法官，通过实例研习课训练学生在具体案件中适用法律的能力，使法律案件的解决"像解数学题一样步骤明确"。美国法学教育的目的则是培养律师，它不像德国法学教育那样追求程式化法律思维，为的是让学生学会在复杂多变的法律规则之中"为客户利益最大化服务"。参见李丹：《实践教学视角下法律案例教学思路的重塑》，载《高教探索》2020 年第 6 期。

合应用能力。

案例教学方法是否有效，高端实务课程能否实现预期教学目标，关键在于师资。有学者对美国专业学位教育体系进行研究，将耶鲁大学、芝加哥大学、哥伦比亚大学等几所法学院全职师资大致归纳为学术型教师、临床型教师和实践型教师，[1] 后两者更能在案例教学中为学生传授某一领域的实践技能和经验。在我国法律专业学位教育体系中，临床型教师主要以校内全职教师为主，实践型教师主要以校外实务导师为主。中国人民大学法学院约有 30% 的校内教师具有挂职锻炼经历，成为临床型教师队伍的骨干力量。同时，法学院聘请 230 余名业务熟练、技能突出的法官、检察官、律师等国内实务专家以及海外高等法院法官、大律师、联合国秘书长候选人等外国实务专家组成了实践型教师队伍。在案例教学中，将校内临床型教师和校外实践型教师同时引入课堂，构建"双师同堂"教学模式，并主要应用于实务前沿、法律技能、实战训练等模块。校内外教师共同挑选案例、制定教学方案，以学生参与为主，让学生在模拟或者真实的场景中进行法律谈判、法庭对抗等。校外实务导师主要阐述案件实际办理过程中的焦点和难点，校内教师主要从学理性上对案例进行讲授。案例教学中采取具有理论意义和实践价值的案例，发挥"双师"的不同作用，让学生同步实现知识体系的构建和实践能力的提

---

〔1〕 学术型教师一般要求学术研究能力比较突出，主要负责学生专业理论学习阶段的教学和指导工作。临床型教师一般要求具有丰富的专业实践经验和较强的专业实践能力，任教前都从事律师以及法律相关的工作，主要负责学生在法律诊所的学习和实践指导工作。实践型教师只参与专业实践的教学和指导，无须参与研究工作，一般在特定领域具有丰富的专业实践经验和较高的专业实践能力。参见张秀峰、白晓煌：《专业学位教育"专业性"实践与保障机制探究——来自美国的经验与反思》，载《中国高教研究》2020 年第 7 期。

升。目前，我国专门服务于法律硕士培养、以实践性为导向的教师队伍尚未形成，高校应当尝试考虑发展专职实践型教师，从而弥补校外兼职实务导师队伍稳定性不足的问题。

（四）依托高端实践平台，构建高校与法律实务部门协同育人机制

习近平总书记指出："要打破高校和社会之间的体制壁垒，将实际工作部门的优质实践教学资源引进高校，加强法学教育、法学研究工作者和法治实际工作者之间的交流。"〔1〕 法律实务部门深入司法实践一线，反映当前国家法治建设的最新动向和法律服务市场的岗位需求，法律实务部门的深度参与是高端应用型法治人才培养的重要实现方式。社会转型期法律制度变革带来的复杂情况对人才培养带来了新挑战，高校与法律实务部门应服务国家重大战略、立足社会需求，着眼学生实践能力培养。中国人民大学法学院与最高人民检察院等合作成立智慧检务创新研究院，与阿里巴巴、字节跳动、腾讯等互联网科技企业开展数字经济、区块链领域的广泛合作，设立全国唯一法律科技领域国家外专局引智基地项目（"未来法治创新引智基地"），引入了日内瓦大学、慕尼黑大学等国际知名专家 10 人，建立跨学科、跨法域的校外高端实践平台。

法律实务部门参与课程建设、实习实训等高端应用型法治人才培养环节是不可或缺的模式与机制。构建高校与法律实务部门协同育人的有效合作机制，有利于充分发挥法律实务部门在人才培养中的作用。中国人民大学法学院明确将实务课程建设的责任

―――――――――――

〔1〕 《习近平在中国政法大学考察时强调 立德树人德法兼修抓好法治人才培养 励志勤学刻苦磨练促进青年成长进步》，载《中国火炬》2017 年第 5 期。

主体设定为法律实务部门，而非实务导师个人，由法律实务部门遴选业务能力强、讲课经验丰富的实务专家组成教师团队，制定和实施教学方案。相较实务导师而言，法律实务部门在积累教学案例资源、统筹安排实务师资等方面具有更大的优势，有利于课程质量的提升。中国人民大学法学院落实"双导师"制度，每位实务导师监督和指导学生实习的全过程，探索建立"实习与就业的规范便捷机制"，[1] 即法律实务部门优先录用实习评价较好的学生，将实习实训落到实处。此外，中国人民大学法学院与实践基地建立法律实习生"育才班"等实习实训合作项目，[2] 除了让学生参与案件承办外，还参考美国一些法学院将网上研讨、法律刊物等纳入实习内容，[3] 开展调研、学术研讨、读书会等帮助学生反思实习经验的活动，使学生真正学以致用、用以促学、学用相长。为有效约束法律实务部门和实务导师，中国人民大学法学院与实践基地建立合作实施细则，建立实务导师聘任和管理办法，明确法律实务部门和实务导师的考核标准和责任机制。

建构高校与法律实务部门协同育人的高端应用型法治人才培养共同体是新时代的要求。高校和法律实务部门除了共同探索教学方案、共同建设实习实训平台外，应积极探索其他合作方式。

---

〔1〕 戴国、张敏：《从共建到共融——论法院参与法学院人才培养机制之重构》，载《中国法学教育研究》2019 年第 2 期。

〔2〕 例如，中国人民大学与北京市海淀区人民检察院创设了首届法律实习生"育才班"项目，给每位学生配备实习导师，实习导师除了带领学生真正参与案件承办外，还与学生针对司法实践中的疑难问题共同开展调查研究、撰写调研报告，不仅能提升学生将理论知识运用于实践的实务能力，也能帮助法律实务部门解决法律实践中的现实问题，促进了高校和法律实务部门优势互补、联动互赢。

〔3〕 美国一些法学院实习课程包括实践工作经验和同期有老师指导的必修的网上研讨和指导下的法律刊物。包括小型研讨会、学生报告、每周一次在线讨论、必读书目、指导下的反思性学术刊物编辑。参见宋鸿雁：《美国法律博士（JD）的实践技能训练模式探析》，载《法学教育研究》2011 年第 2 期。

中国人民大学法学院设立全球荣誉讲席，邀请世界知名法学家举办系列前沿讲座，使学生掌握法律实务前沿知识。法学院鼓励学生参与全国人大常委法制工作委员会、工业与信息化部等委托的大数据、人工智能、区块链等领域重要课题研究，培养学生将法学理论知识运用于数字经济时代司法实践的能力。

四、结语

高校的法学教育对于全面依法治国、推进新时代中国社会主义法治建设具有重要作用。近年来，以中国人民大学法学院为代表的高校对新时代下高端应用型法治人才培养模式进行了有益探索，寻求适应新时代中国法治建设要求的人才培养模式。当前高端应用型法治人才培养仍面临不少挑战，例如如何建立标准化的实践教学评价体系、如何完善法律职业伦理教育模式、如何实现"人工智能+教育"等教学手段创新等。各高校应当继续以习近平法治思想为指引，攻坚克难，改革创新，进一步对人才培养所涉及的问题进行探讨和解决。

课堂与教学

Curriculum and Teaching

《国际法案例研习》课程教学方法研究

——以科孚海峡案为例*

◎郭红岩**

摘　要：《国际法案例研习》是必修课《国际法》的延伸课程。通过对国际法领域代表性案例的研究，使学生从争端当事各方以及法官或仲裁员的角度，了解案件的历史背景、争议焦点、法庭裁判的论证逻辑、定案证据和法律依据，进而领悟国际法在实践中的适用及存在的问题。科孚海峡案是国际法院审理的英国和阿尔巴尼亚之间关于英国军舰于1946年通过科孚海峡触雷爆炸及之后的扫雷引发的争端，是国际法院成立后审理的第一个案件。该案涉及国际法院管辖权、军舰的无害通过以及国际责任等问题。本文试图通过对该案的解析，

---

　　*　"2020年中国政法大学一流本科课程候选课程"线下一流课程《国际法案例研习》的教学研究成果。
　　**　郭红岩，中国政法大学教授、博士生导师。

探讨《国际法案例研习》课程的教学模式和方法，以期为该课程教学的进一步完善有所裨益。

关键词：《国际法案例研习》课程　教学和方法　科孚海峡案

一、概述

（一）《国际法案例研习》课程的教学模式和方法简介

《国际法案例研习》是必修课《国际法》的延伸课程。通过对国际法院、国际海洋法法庭、常设仲裁法院等机构的代表性案例进行深入研究，使学生从争端当事各方、特别是从法官或仲裁员的角度，了解案件的历史背景、争议焦点、法庭裁判的论证逻辑、定案证据和法律依据，进而领悟国际法在实践中的适用及存在的问题。

本课程采用教师指导为辅、学生自主学习为主的"师辅生主探究式教学模式"，即教师作为学生学习的指导者，为课程设计明确的教学目标，采用个别指导、小组指导和全班指导相互交叠的方式，引导学生按照正确的思维路径和方法对案例进行研究。学生作为学习的主人，通过课下自学、组学和课上群学，从对案例资料的初步掌握、到厘清案情、再到充分理解和把握法庭的论证逻辑和裁判结果，进而达到掌握司法实践中存在的问题，提升学生提出、分析和解决国际法问题的能力。

在教学过程中，老师首先就国际法案例的基本概念、国际法案例研习的基本思路进行讲解，引导学生采用正确的程序和方法。在具体分析个案时，则结合案件所涉及的国际法问题，为学生提供一定的线索，鼓励学生在课前完成大量的资料搜集和阅读工作，写出案例摘要，并做成 PPT 在课堂上展示，之后进行点评、提问、回答，这一讨论过程主要是激发学生的主动性，使学生全身心地投入案例的学习和研究中。在教师点评环节，首先对学生的自主学习成果给予肯定和鼓励，同时指出不完善甚至错误之处，并要求学生在课后进一步搜集资料，完善之前的不足，改正之前的错误，进一步厘清相关概念，理解相关理论和适用的法律规则。

（二）科孚海峡案简介

1946 年 10 月 22 日，英国派出由两艘驱逐舰和两艘重型巡洋舰组成的编队，在靠近科孚海峡东岸阿尔巴尼亚海域航行通过时，驱逐舰 "索马里兹号"（Saumarez）撞上水雷，"弗莱吉号"（Volage）在拖拽行驶中又撞上另一枚水雷，导致 44 人死亡、多人受伤和舰船毁损。同年 11 月 12 日至 13 日，英国不顾阿尔巴尼亚明示反对，在航空母舰、巡洋舰和其他战舰的护卫下，在科孚海峡中进行了代号为 "Operation Retail" 的大规模扫雷行动，发现 22 枚德国制式水雷。[1]

二、诉讼请求和案件基本事实

（一）诉讼请求

1. 英国请求书的内容

1947 年 5 月 22 日，英国以请求书单方面向国际法院起诉。英国认为国际法院对本案具有管辖权，同时请求国际法院判定：①阿尔巴尼亚在科孚海峡中自己的领海内或者布设了水雷，或者知道水雷的布设，但其未将水雷存在的情况进行通知，违反了

---

〔1〕 Corfu Channel（United Kingdom of Great Britain and Northern Ireland v. Albania），available at https：//www.icj-cij.org/en/case/1, last visited on March 20, 2022.

1907 年《海牙第八公约》第 3、4 条所确立的国际法一般原则以及关于人道主义的一般规定；②水雷导致两艘皇家海军舰艇爆炸，造成 44 位皇家海军官兵的死亡和舰艇的严重损坏；③前述海军官兵的死亡和舰艇的损毁是由于阿尔巴尼亚政府疏于履行国际法义务以及违反人道主义规则造成的；④阿尔巴尼亚对前述海军官兵的死亡和舰艇的损毁负有国际不法行为责任并应当向英国赔偿；⑤确定赔偿方式或赔款数额。[1]

英国提出的具体理由包括：①在安理会根据《联合国宪章》第 36 条为解决争端所做的决议中，建议英国和阿尔巴尼亚将该争端提交国际法院解决；[2] ②阿尔巴尼亚根据《联合国宪章》第 32 条接受了安理会的邀请，参加了对该争端的讨论，也接受了安理会关于要求阿尔巴尼亚履行如联合国会员国在类似案件中应承担的全部义务的条件；③《联合国宪章》第 25 条规定，联合国会员国同意接受并执行安理会依《联合国宪章》所做的决定。[3]

2. 英国和阿尔巴尼亚签订的《特别协定》

1948 年 3 月 25 日，在国际法院做出判决认定对该案有管辖

---

〔1〕 APPLICATION INSTITUTING PROCEEDINGS AND DOCUMENTS OF THE WRITTEN PROCEEDINGS, available at https://www.icj-cij.org/files/case-related/1/1499.pdf, last visited on September 3, 2021.

〔2〕《联合国宪章》第 36 条规定："一、属于第三十三条所指之性质之争端或相似之情势，安全理事会在任何阶段，得建议适当程序或调整方法。二、安全理事会对于当事国为解决争端业经采取之任何程序，理应予以审议。三、安全理事会按照本条作成建议时，应注意凡具有法律性质之争端，在原则上，理应由当事国依国际法院规约之规定提交国际法院。"

〔3〕 APPLICATION INSTITUTING PROCEEDINGS AND DOCUMENTS OF THE WRITTEN PROCEEDINGS, available at https://www.icj-cij.org/files/case-related/1/1499.pdf, last visited on September 3, 2021;《联合国宪章》第 25 条规定："联合国会员国同意依宪章之规定接受并履行安全理事会之决议"。

权的同一天，英国和阿尔巴尼亚签订了《特别协定》，请求国际法院判定：①按照国际法，阿尔巴尼亚是否应当对 1946 年 10 月 22 日在科孚海峡内发生的水雷爆炸和英国的损失承担责任，是否负有赔款义务？②按照国际法，英国海军于 1946 年 10 月 22 日和 11 月 12 日、13 日在阿尔巴尼亚领海的行为是否侵犯了阿尔巴尼亚主权，是否应承担致歉等满足（Satisfaction）的责任？[1]

（二）案件基本事实

科孚海峡是位于阿尔巴尼亚和希腊科孚岛之间连接地中海和亚得里亚海的重要航道，也是阿尔巴尼亚和希腊之间的边界线，两国在海峡最窄处有领海重叠。

在第二次世界大战期间，数十万枚水雷被布设在地中海和欧洲西北部水域中。1944 年 10 月和 1945 年 1 月、2 月，英国海军对科孚海峡北部海域进行扫雷，但未发现水雷，因而宣布该海峡是安全的。对于英国的扫雷行动，阿尔巴尼亚及其他国家都未反对。[2] 到第二次世界大战结束时，地中海和欧洲西北部水域中的水雷只有 20 000 枚被清除，海域中还有大量水雷。为了清除剩余水雷，协调行动，根据 1945 年 11 月苏联、美国、法国和英国缔结的协定，成立了由苏联、美国、法国、英国四国代表组成的国际中央扫雷委员会（International Central Mine Clearance Board）。[3] 根据国际中央扫雷委员会的建议，希腊和南斯拉夫受

---

[1] Special Agreement concluded on March 25th, 1948, available at https://www. icj-cij. org/files/case-related/1/1495. pdf, last visited on September 3, 2021.

[2] APPLICATION INSTITUTING PROCEEDINGS AND DOCUMENTS OF THE WRITTEN PROCEEDINGS, available at https://www. icj - cij. org/files/case - related/1/1499. pdf, last visited on September 3, 2021.

[3] APPLICATION INSTITUTING PROCEEDINGS AND DOCUMENTS OF THE WRITTEN PROCEEDINGS, available at https://www. icj - cij. org/files/case - related/1/1499. pdf, last visited on September 3, 2020.

到邀请，与法国、苏联、英国、美国等组成了地中海区域分委员会，其他一些国家受邀派出观察员，阿尔巴尼亚因为没有扫雷部队而未被邀请。但通过国际航路报告机构（International Routing and Reporting Authority）发布的航路图册，阿尔巴尼亚应当知道有关区域的扫雷行动已经完成，全部或部分位于阿尔巴尼亚领海内的科孚海峡北部的国际水道及其他被清扫过的海峡通道已经再次开放，且到 1946 年 5 月，按照国际法规则和标准使用科孚海峡的船舶都未受到希腊或阿尔巴尼亚的任何阻碍。

1946 年 5 月 14 日，英国巡洋舰俄里翁号（Orion）和苏佩尔布号（Superb）在通过科孚海峡时，遭到了来自阿尔巴尼亚海岸的炮火轰击，所幸没有造成损害。英国和阿尔巴尼亚就军舰在领海中的无害通过权发生分歧。

1946 年 10 月 22 日，英国派出由两艘驱逐舰与两艘重型巡洋舰组成的编队，在靠近科孚海峡东岸的阿尔巴尼亚一侧通过时，驱逐舰"索马里兹号"撞上水雷，另一艘"弗莱吉号"在拖拽行驶中又撞上另一枚水雷，爆炸导致 44 人死亡、42 人受伤和舰船损毁。

在阿尔巴尼亚明示反对在其领海中扫雷的情况下，英国于 1946 年 11 月 12 日至 13 日，在一艘航空母舰、多艘巡洋舰和其他战舰的"护卫"下，在科孚海峡中进行了代号为"Operation Retail"的大规模扫雷行动。在清除的 22 枚水雷中，[1] 抽取 2 枚送往马耳他鉴定，证明是德国制式水雷。而且，这些水雷没有受到海洋植物的影响，系泊缆绳上还有油脂，说明英国舰艇在 10

---

〔1〕 除了一艘小型护卫舰停泊在科孚海峡东南部，其他战舰全程均停留在科孚海峡西部一定距离之外。

月 22 日触雷时，这些水雷刚刚布设不久。

1946 年 12 月 9 日，英国将其军舰在科孚海峡中被炸事件提请安理会解决，主张阿尔巴尼亚应对其舰船损毁和人员伤亡承担责任。1947 年 1 月 24 日，根据《联合国宪章》第 32 条，阿尔巴尼亚以电报形式，表示愿意接受安理会附条件的邀请，同意参加讨论，并承诺像会员国一样接受安理会通过的决议，但没有投票权。[1] 1947 年 4 月 19 日，安理会通过决议，建议英国和阿尔巴尼亚根据《国际法院规约》立即将争端提交国际法院解决。

三、法庭判决的证据和法律

关于本案，国际法院共作出三个判决。

(一) 1948 年 3 月 25 日关于管辖权的判决

1948 年 3 月 25 日，国际法院作出了对该案有管辖权的判决。

1947 年 5 月 22 日，英国以请求书单方面向国际法院起诉后，阿尔巴尼亚于 1947 年 7 月 2 日致信国际法院，表示接受安理会的建议，准备出庭应诉。在致国际法院的信函中，阿尔巴尼亚阐述了以下四个方面的观点：第一，英国的行为违背了安理会的决议，因为安理会的决议是建议争端双方根据《国际法院规约》将争端提交国际法院。但根据《国际法院规约》，只有在争端双方都接受了法院强制管辖权时，争端当事国才能单方面起诉。根据《国际法院规约》和一般国际法，在不存在《国际法院规约》或其他国际法文件规定的对阿尔巴尼亚有拘束力的接受国际法院强

---

〔1〕《联合国宪章》第 32 条规定："联合国会员国而非为安全理事会之理事国，或非联合国会员国之国家，如于安全理事会考虑中之争端为当事国者，应被邀参加关于该项争端之讨论，但无投票权。安全理事会应规定其所认为公平之条件，以便非联合国会员国之国家参加。"

制管辖的条约的情况下，英国无权单方面以请求书的形式向国际法院提起诉讼。第二，英国以《联合国宪章》第 25 条证明其单方面提起诉讼的正当性。但《联合国宪章》第 25 条仅适用于安理会关于《联合国宪章》第七章相关条款所做的决定，不适用于有关和平解决争端的决议，因为安理会的这类决议是没有拘束力的，也不能成为确立国际法院管辖权的间接证据。第三，根据1947 年 4 月 9 日安理会的决议，英国在向国际法院提交请求书之前应当和阿尔巴尼亚达成协议，确定双方将争端提交给国际法院解决的条件，进而执行安理会的决议。英国的单方面起诉行为既不符合安理会的决议和《国际法院规约》，也不符合公认的国际法原则。因此，英国在未和阿尔巴尼亚缔结特别协定的情况下，是无权单方面向国际法院起诉的。第四，尽管英国的起诉方式不当，阿尔巴尼亚还是准备出庭应诉。同时，阿尔巴尼亚对英国单方面起诉以及援引《联合国宪章》第 25 条的方式提出保留，还特别强调，其在本案中对国际法院管辖权的接受不能构成未来的先例。

鉴于阿尔巴尼亚在信函中声明接受管辖，国际法院于 1947年 7 月 31 日确定了书面审理时间。然而，1947 年 12 月 9 日，阿尔巴尼亚以不可接受为由，对国际法院管辖权提出初步反对意见，重申之前的事实和法律依据，认为本案只能以特别协定的方式提交，不能以单方面请求书的方式提交。

关于 1947 年 4 月 9 日安理会的决议赋予阿尔巴尼亚和英国义务的第一项异议，法院认为，安理会的决议是建议双方按照《国际法院规约》的规定把争端提交到国际法院。阿尔巴尼亚不仅接受了该项义务，也根据 1947 年 7 月 2 日信函接受了国际法院的管辖权。无论英国采用的形式有多么不规范，但阿尔巴尼亚"准备出庭参加诉讼"的表述只能被理解为对关于英国以单方请求书把案件提交到国际法院的案件提交形式不规范的异议的放弃。

关于英国单方请求书提交案件的不可接受性的第二项异议，法院认为，阿尔巴尼亚仅仅关注英国提交案件的程序不规范，即以单方请求书而不是双方预先缔结的特别协定。阿尔巴尼亚也提及关于确定法院专属管辖的《国际法院规约》第 36 条第 1 款，该款不仅没有确定强制管辖权，也导致了以单方请求书提交案件的不可接受性，但国际法院认为没有必要在这个问题上表明观点，因为阿尔巴尼亚 1947 年 7 月 2 日提交给国际法院的信函已经构成了对法院管辖权的自愿接受；尽管 1947 年 7 月 2 号信函中有一些保留，但是信函中明确的范围已经把对英国单方面请求书提交案件的可受理性和接受法院管辖的所有障碍全部排除了，该信函构成阿尔巴尼亚对国际法院管辖权的自愿和不可置疑的接受。再有，在双方已经同意接受法院管辖权的情况下，不论是《国际法院规约》还是《国际法院规则》，都没有要求争端各方必须采取某种特定的表示同意的方式。

1948 年 3 月 25 日，国际法院判定：①拒绝阿尔巴尼亚于 1947 年 12 月 9 日提出的初步反对意见。②案件的实体程序继续进行，并规定了各方提交书状的时限。

就在国际法院发布第一份判决书的当天，英国和阿尔巴尼亚签订了《特别协定》，并于同日提交给国际法院，确定以该《特别协定》作为法院后续对实体问题进行审理的基础。

（二）1949 年 4 月 9 日关于阿尔巴尼亚对爆炸事件的责任、英国军舰通过科孚海峡以及英国军舰扫雷的性质的判决

1. 关于阿尔巴尼亚对爆炸事件的责任

关于阿尔巴尼亚对爆炸事件的责任，英国的诉求包括：①1946 年 10 月 22 日，位于科孚海峡的英国军舰"索马里兹号"和"弗莱吉号"被布设在该国际航道上的自动鱼雷炸毁，造成英国官兵 44 死和 42 伤的损害；②上述雷场是在阿尔巴尼亚默许或知情的情况下于 1946 年 5 月 15 日至 10 月 22 日布设的；③阿尔巴尼亚知道该雷区位于其领海之中；④阿尔巴尼亚没有按照 1907 年《海牙第七公约》以及国际法和人道法的一般原则，通告这些鱼雷的存在；⑤阿尔巴尼亚知道英国舰船将通过北科孚海峡中已经清扫过鱼雷的区域，并能够观察到舰船靠近了这些区域，但没有通知有上述鱼雷的存在，没有把阿尔巴尼亚知道的上述鱼雷的危险情况向英国舰船示警；⑥阿尔巴尼亚不通知科孚海峡北部存在雷场，侵犯了在这种用于国际航行的海峡中外国船只（无论是军舰还是商船）享有的无害通过权；⑦1946 年 10 月 22 日英国舰船通过科孚海峡属于无害通过权的行使；⑧阿尔巴尼亚不应对其知道雷区存在却未通知造成的损害免除国际责任；⑨阿尔巴尼亚对英国造成的人员伤亡和损害，违反了国际法规定的义务，应承担国际责任；⑩阿尔巴尼亚有义务就其违反上述国际义务的行为，对英国政府进行赔偿；⑪英国政府遭受的损失包括："索马里兹号" 750 000 英镑，"弗莱吉号" 75 000 英镑，因海军人员伤亡而支付的养恤金和其他费用 50 000 英镑，合计 875 000

英镑。[1]

阿尔巴尼亚的诉求则是：①根据《特别协定》，国际法院对英国关于赔款评估的请求没有管辖权；②尚未证明造成 1946 年 10 月 22 日事故的鱼雷是阿尔巴尼亚布设的；③尚未证明这些鱼雷是由第三国代表阿尔巴尼亚布设的；④尚未证明这些地雷是在阿尔巴尼亚的帮助或默许下布设的；⑤尚未证明阿尔巴尼亚在 1946 年 10 月 22 日事件之前知道其领海中布有地雷；⑥根据国际法，阿尔巴尼亚对 1946 年 10 月 22 日在阿尔巴尼亚水域发生的爆炸以及由此造成的人员伤亡不应承担责任，也不应赔款给英国；⑦英国海军于 1946 年 11 月 12 日至 13 日在阿尔巴尼亚领海内的扫雷活动未得到阿尔巴尼亚的事前同意；⑧前述英国的两种情形都违反国际法，阿尔巴尼亚有权要求英国承担道歉等满足的责任。

法院分析了阿尔巴尼亚在 1946 年 10 月 22 日事件前后对英国的态度以及阿尔巴尼亚从其海岸观测到水雷布设情况的可能性，得出了阿尔巴尼亚知道水雷的存在。根据人道主义、海上航行自由以及沿海国不得将其领土用于侵犯其他沿海国权利，阿尔巴尼亚有义务通告"阿尔巴尼亚领海地区存在一个雷区"，并警告即将通过的英国舰船。法院在审查了阿尔巴尼亚在英舰爆炸前后的行为和态度以及从阿尔巴尼亚海岸监测到海峡布雷的可能性后，得出结论认为，从阿尔巴尼亚海岸能够观察到爆炸海域的布雷行为。阿尔巴尼亚有义务向一般有航行目的的船舶告知其水域内存有雷区。法院认为，虽然英舰的通过存在试探阿政府的态度，但

---

[1] available at https://www.icj-cij.org/public/files/case-related/1/001-19490409-JUD-01-00-EN.pdf, last visited on April 22, 2021.

其只要以符合国际法的无害通过的方式通过海峡，这种通行不违反国际法。国际法院判定，英国军舰 1946 年 10 月 22 日通过海峡的行为不属于对阿方主权的侵犯，阿尔巴尼亚应当对其严重的不作为承担国际责任，对英国进行赔偿。[1]

2. 关于 1946 年 11 月 12 日和 13 日英国海军在阿尔巴尼亚领海内扫雷行动的性质

关于 1946 年 11 月 12 日和 13 日英国海军在阿尔巴尼亚领海内的扫雷行动，英国提出，其扫雷行动是对阿尔巴尼亚政府漠视态度的一种介入，是基于自救或者自卫的正当行为。国际法院认为，扫雷行动实际上是英国的一种实力的展示，是不能接受的，因为尊重独立国家的领土主权是国际关系的重要基础。法院指出，英舰的扫雷活动不能以行使无害通过权来证明其正当性，国际法禁止外国军舰未经他国同意就在他国领海内收集证据。法院认为这种做法会引发许多严重滥用武力的行为，这对国际社会的和平秩序将产生巨大危害。国际法院驳回英国提出的其行动为自保或自卫措施的辩解，一致判定此行为是对阿尔巴尼亚主权的侵犯。

(三) 1949 年 12 月 15 日关于阿尔巴尼亚对英国军舰爆炸的赔偿数额的判决

为了评估在 1946 年 10 月 22 日爆炸中英国舰船及人员的损失，国际法院聘请了专家分别对不同损失进行核算，英国也对损失数额重新进行评估，并修改了原来提交的赔款数额。由于阿尔巴尼亚认为国际法院无权对英国的损失额度进行评估等原因，阿

---

[1] Available at http://www.icj-cij.org/homepage/ch/files/sum_1948 1991.pdf, last visited on April 22, 2020.

尔巴尼亚未参加庭审。在阿尔巴尼亚缺席的情况下，国际法院审查了英国的赔款请求和专家意见，选择了英国的赔款请求和专家意见中较低的额度，于 1949 年 12 月 15 日对本案作出第三份判决，确定阿尔巴尼亚对英国赔偿的具体数额总计为 843 947 英镑，如下表 1 所示。

表 1　英国请求额、专家评估额和法院裁判额对比表

损失类别	英国请求额	专家评估额	法院裁判额
索马里兹号	£ 700 087	£ 716 780	£ 700 087
弗莱吉号	£ 93 812	£ 90 800	£ 90 800
因海军人员伤亡而支付的养恤金和其他费用	£ 50 048	£ 50 048	£ 50 048
合计	£ 843 947	£ 857 628	£ 843 947

四、国际法案例研习的思路和方法

（一）关于案例中涉及的国际法问题

在给学生确定好具体的案例后，首先给学生提出一些思考题，以便学生阅读文献时注意发现和解决这些问题。如科孚海峡案涉及的国际法问题，既有程序方面的，也有实体方面的；既有理论层面的，也有规则制度层面的。程序方面的如确立国际法院管辖权的方式、初步反对程序、缺席判决以及国际法院判决的执行等；实体方面的如安理会决议的效力、军舰的无害通过权、国际不法行为、直接证据和间接证据、专家调查及国际不法行为责任的确立及责任形式等。理论层面的如用于国际航行的海峡的标准、间接证据的效力等，规则层面的如沿海国对无害通过船舶的

权利与义务、对国际不法行为责任的赔偿义务等。

(二) 关于国际法案例研习的基本思路

国际法案例内容庞杂，资料繁多，有时仅仅裁决书就达数十万字。如何从浩如烟海的资料中进行选取，厘清案情，必须让学生掌握和运用行之有效的路径和方法。研习国际法案例，以下内容是不可缺少的：案件名称、裁判机构、法官或仲裁人、案件当事方、案件提交的方式、当事方的请求、基本事实、裁判程序、裁判的法律依据、定案的事实依据、裁判结果及理由、主要的异议、个别意见和声明、裁判的执行情况及效果以及评析。如果学生把这些问题分析清楚了，对案情也就有了基本的了解和把握。此外，为了正确了解和理解案件，还需要对案件发生的历史背景、案件中关键事件的时间轴和可能涉及的国际法问题进行深入解读，这就需要学生进行延伸阅读和学习，对于相关的历史资料、国际法学者的相关著述进行精读，以便正确理解和把握案件发生的原因以及在争端解决过程中存在的问题。

在这里，时间轴是一个非常好的工具，通过时间轴的图示，可以清晰地看到整个案件的来龙去脉。如科孚海峡案的时间轴可以简写为：1946 年 10 月 22 日英国军舰在科孚海峡通过时发生爆炸——1946 年 11 月 12 日至 13 日英国不顾阿尔巴尼亚明示反对在科孚海峡中扫雷——1947 年 4 月 9 日安理会通过决议建议双方将争端提交给国际法院——1947 年 5 月 22 日英国以请求书向国际法院起诉——1947 年 7 月 2 日阿尔巴尼亚致信国际法院表示出庭应诉——1948 年 3 月 25 日国际法院判定对该案有管辖权 (同一天英国和阿尔巴尼亚签订同意国际法院管辖的《特别协定》) ——1949 年 4 月 9 日国际法院判定英国军舰 1946 年 10 月

22日通过海峡的行为不属于对阿尔巴尼亚主权的侵犯，1946年11月12日至13日的扫雷行动构成对阿尔巴尼亚主权的侵犯；阿尔巴尼亚应当对其严重的不作为承担国际责任——1949年12月15日国际法院判定阿尔巴尼亚对英国应进行赔款。如果把历史背景、裁决执行情况等内容充实进去，时间轴的两端还要延长，内容也会更加丰富。

（三）关于案件的评析

案件评析就是结合国际法理论、规则以及从促进国际法发展和增进人类福祉的角度，对案件中涉及的国际法问题进行评析。如本案中涉及的国际法院管辖权、用于国际航行的海峡的认定标准、军舰的无害通过权以及国际不法行为责任等问题。

关于本案的管辖权，根据《国际法院规约》，国际法院的诉讼当事者限于国家，他们可以是《国际法院规约》的当事国和非当事国，甚至可以是联合国的非会员国。本案争议发生时，阿尔巴尼亚还不是《国际法院规约》的当事国，也不是联合国的会员国。但在英国把该争端提交安理会后，阿尔巴尼亚同意安理会对争端的处理，并表示愿意像联合国会员国一样履行安理会决议的义务，接受安理会将争端提交国际法院解决的建议；在英国根据安理会决议将争端提交国际法院后，阿尔巴尼亚致信国际法院表示愿意接受国际法院的管辖，国际法院正是依据英国和阿尔巴尼亚分别实施的一系列行为，认为对该案有管辖权。但当国际法院受理该案后，阿尔巴尼亚又提出了初步反对主张，以英国和阿尔巴尼亚之间既不存在把争端提交国际法院管辖的有效的条约或条款，也未缔结把此案提交国际法院的《特别协定》，反对国际法院的管辖权。国际法院认为，英国和阿尔巴尼亚之间确实不存在把争端提交国际法院管辖的有效的条约或条款，但英国和阿尔巴尼亚确实都表达了愿意接受国际法院管辖的意愿，这种接受是通过双方各自分别的、先后的行为表现出来的，即在英国单方面提起诉讼后，阿尔巴尼亚致信明示接受国际法院的管辖。《国际法院规约》和《国际法院规则》都没有对这种同意的表达方式作出禁止性规定。所以，英国和阿尔巴尼亚各自单方面的行为合在一起，就确立了国际法院对该案的管辖权，符合国际法院管辖中的国家同意原则。

关于用于国际航行的海峡的认定标准，当时尚无条约性规定。用于国际航行的海峡也是由国际法院在科孚海峡案中首次提出的。关于判断用于国际航行海峡的标准，一般考察地理和功能两个方面的要素。地理要素即该海峡的两端是否为公海，功能要素是指该海峡是否频繁地用于国际航行。在该案中，国际法院认为地理要素具有决定性作用，功能要素仅具有辅助作用。科孚海峡两端是公海，符合用于国际航行的海峡的地理要素，且科孚海峡在历史上也频繁地用于国际航行，也具备功能要素。因此，科孚海峡属于用于国际航行的海峡。

关于军舰的无害通过权，在当时也无条约性文件予以规定。无害通过权是指所有国家的所有船舶在不损害沿岸国和平、安全和良好秩序的情况下，享有无须事先通知或征得许可而连续不停和迅速穿过领海的航行权利。外国民用船舶享有无害通过权，一般是没有争议的，但军用船舶是否享有无害通过权，各国是存在争议的。在科孚海峡案中，国际法院在判断军舰通过海峡是否无害的决定性要素是军舰通过的方式。事实上，1946 年 10 月 22 日，英国军舰在科孚海峡通过时，船上的武器装备已经具备了可以使用武力的条件，但因其只是为了"试探"，并未使用武力，所以，国际法院最终判定该四艘军舰的通过行为仍然是无害通过。对于 1946 年 11 月 12 日至 13 日在阿尔巴尼亚领海内的扫雷活动，因其未得到阿尔巴尼亚的事前同意，国际法院认定其不属于无害通过，违反了无害通过船舶对沿海国的义务，侵犯了阿尔巴尼亚的主权。

关于国际不法行为责任问题，国际习惯法确立了国家在违反对自己生效的国际义务时应承担国际不法行为责任。实践中，国际不法行为责任的内容主要包括停止不法行为、承诺并保证不再重犯和赔偿。赔偿（reparation）是指行为国有义务消除其国际不法行为造成的损害后果，包括物质损害和精神损害的后果，具体形式有恢复原状（restitution）、赔款（compensation）和满足（satisfaction）。恢复原状是指恢复到国际不法行为发生之前的状态，赔款即指进行金钱给付，满足是指在恢复原状和赔款不足以完全消除损害后果的情况下，行为国通过表示遗憾、向受害国正式道歉、处分或惩罚直接责任人等方式给予受害国精神上的满足。本案中，国际法院认定阿尔巴尼亚违反了向英国妥为通知科孚海峡中布有水雷的情况，导致英国舰船及人员的毁损和伤亡，应承担赔款的责任。对于 1946 年 11 月 12 日至 13 日英国舰船的扫雷行动，国际法院认定该行为侵犯了阿尔巴尼亚的领土主权，英国应承担道歉等使阿尔巴尼亚得到精神满足的责任。

五、结论

《国际法案例研习》是一门非常重要的《国际法》延伸课程，也是广受学生们喜欢的案例研习课程。科孚海峡案不仅是国际法院第一案，也是国际法领域具有典型意义的案例，涉及程序、实体、理论、规则等所有层面的国际法问题。通过对该案例的研习，可以为学生全方位地打开国际法实践的大门，激发学生深入研究国际法的兴趣，同时有助于教师进一步把握和运用更好的教学模式和方法，提升《国际法案例研习》课程的教学水平。

新文科线上线下混合教学模式的构建

——以《电子商务法》课程为蓝本

◎郑佳宁 董 平*

摘 要：新文科的研究与改革日益受到社会各界的高度重视。其中，高素质、复合型的人才是新文科发展的关键。高等院校应当承担起培育高端新文科人才的重任。在教学方式方面，信息技术的发展使得线上教学成为一种重要的教学模式。在新文科教学中，教师可以兼采传统的线下教学模式与新兴的线上教学模式，两种教学模式优势互补，共同促进新文科教学目标的实现。本文以新文科课程《电子商务法》为蓝本，介绍了任课教师构建新文科线上线下混合教学模式的经验，并对该教学模式的美好未来进行展望，提出进一步提升该模式教

---

* 郑佳宁，中国政法大学民商经济法学院教授、博士生导师。本文为 2021 年中国政法大学一流本科课程候选课程建设"电子商务法"线上线下混合式一流课程的阶段性成果。董平，中国政法大学图书馆馆员。

学效果的有益建议。

关键词： 新文科 线上教学 线下教学 混合教学 一流课程建设

引 言

2021 年 3 月，教育部办公厅发布了《教育部关于推荐新文科研究与改革实践项目的通知》，为深入学习贯彻习近平新时代中国特色社会主义思想，贯彻落实全国教育大会精神，落实新文科建设工作会议要求，全面推进新文科建设，构建世界水平、中国特色的文科人才培养体系，经研究，教育部决定开展新文科研究与改革实践项目立项工作。在当今时代，各类社会问题愈渐复杂交融，单一文科学科的视角只能观察到现象的局部，而无法洞察事物的全貌，更不能妥善解决社会问题。因此，多个学科协作共同研究的"新文科"应运而生。新文科人才培养是新文科建设的重要目标任务之一，这不仅是对传统学科和传统人才培养模式的反思，更是主动拥抱新一代科技革命和产业变革的"先手棋"。为顺应时代发展与国家主张，我校探索并更新法学人才培养机制，以交叉学科为基础、以大数据和移动通信为工具，展开了一系列新文科的线上线下混合教学模式课程。在该模式中，教师既要突破原有的单学科授课方式，进行多学科的复合型指导，又要以提高教学质量为目的，灵活运用互联网等先进技术，拆分传统教学模式的各个教学阶段，重新梳理学习过程中各阶段预期达到的教学目标，明晰教学的实质目的，尝试新的教学模式。正是在这种教育背景下，本文以本科课程《电子商务法》为蓝本，尝试构建新文科线上线下混合教学模式课程。

一、新文科线上线下混合教学模式的界定

本科课程《电子商务法》是由中国政法大学商法研究所开设的本科专业选修课，该课程的前身为《网络与电子商务法》，现在的课程体系、课程大纲在 2018 年《中华人民共和国电子商务法》（以下简称《电子商务法》）出台之后重新进行了调整和完善。该课程组拥有教授、副教授等多人授课团队，均在该领域有着深厚的教学经验和研究成果。经过数轮教学实践的积累，2021年本科课程《电子商务法》入选中国政法大学一流本科课程候选课程建设，正式采用新文科线上线下混合教学模式。在对具体教学模式的构建展开论述之前，首先应当明确两个基础问题，即何为新文科？何为线上线下混合教学模式？

（一）新文科概念的界定

第一个任务是明确"新文科"的概念。新文科研究工作建立在文科的基础之上，文科又是学科的一个分支，因此，需要先行了解学科划分的发展历史。在 18 世纪中期以前，各个学科之间的界限并不清晰，教学内容也不限于单一学科的知识。第一次工业革命推动了科技与文化的繁荣发展，各个学科不断深化、细化、分化，界限由模糊到明晰，现代意义上的学科制度在 19 世纪初期得以确立。[1] 在这种界限森严的学科划分制度下，文科是指以人类社会的相关内容为研究对象的学科，在各自的领域进行特定的研究而形成相应的方法论，提炼出各学科的原则、规则、体系等内容，并将其运用于各自领域的实践活动，指导解决

〔1〕 刘坤、李龙：《重构与推进：新文科背景下的高校哲学社会科学变革》，载《学位与研究生教育》2022 年第 1 期，第 26 页。

社会的现实问题。此前，我国高等教育也遵循经典文科的构建路径，即谋求特定的研究对象、独特的研究方法、明确的概念范畴，并力图建构一个逻辑严密、凝聚力强的理论体系，以此作为特定文科的身份标识。这也正是传统文科研究在当代社会陷入困境的原因。实际上，知识的分布是非线性的，学科的边界是模糊的。[1] 这种现象在问题日益错综复杂的当代社会尤为明显。经典文科构建的基本框架囿于机械主义本体论、实证主义方法论与理性主义认识论的局限性，难以深刻认识新型社会问题的本质，更无法彻底解决新型社会问题。为应对这一问题，新文科的研究应运而生。当某一现实矛盾的辐射范围不止涵盖单门学科时，学者利用整合、归纳等方法，挖掘多门学科之间的联系，将相互关联、相互交叉的部分内容进行梳理、归纳，形成新的知识体系，即新的文科学科。运用新文科的知识全面认识问题，运用新文科的方法彻底解决问题。综上所述，新文科指的是以传统文科为根基，多个学科的知识交叉融合形成的新学科。新文科的内容可能涵盖多个传统的经典文科。从"分"的角度看待构成新文科的各个经典文科，无论是研究对象，还是研究方法，抑或是概念范畴，均存在一定的交叉重叠。从"合"的角度看待内容重组后形成的新文科，原先各学科之间明确的界限变得模糊。新文科的这一特点是对经典文科科目划分标准的重大突破。

根据上述关于新文科的界定，《电子商务法》是一门典型的新文科课程。电子商务法包含电子商务和法律两种学科的视角。更具体来说，电子商务又包含电子技术和商务活动两种学科的视

---

〔1〕 马怀德、王志永：《完善中国特色社会主义法学学科体系的实践路径》，载《比较法研究》2021 年第 3 期，第 6 页。

角。关于电子技术的含义,《美国统一电子交易法》的解释为,电子技术是指电学、数字、磁、无线、光学、电磁或者相关技术。[1] 关于商业的内涵,《联合国国际贸易法委员会电子商务示范法》对其作出广义的解释,其包括不论是契约型还是非契约型的一切商务性质的关系所引起的种种事项。[2] 法律是以权利和义务为内容,以确认、保护和发展社会关系和社会秩序为目的的行为规范体系。《电子商务法》是调整以互联网等信息网络为介质而在平等主体之间设立、变更和终止各种商事交易关系,特别是销售商品或者提供服务的经营活动,以及与这种商事交易关系密切相关的社会关系、政府管理关系的法律规范的总称。《电子商务法》突破了单一的商学学科的视角或者单一的法律学科的视角,融合了电子技术学科的视角,把现代信息技术融入商学、法学课程中。正是基于此,《电子商务法》课程为学生创造了一个新文科学习机会,有助于学生获取复合型知识与培养全面型思维。

(二) 线上线下混合教学模式的内涵

第二个需要解决的问题是,界定线上线下混合教学模式的概念。这需要分别理清线上教学模式与线下教学模式的含义。后者的含义较为明晰,即教师在课堂上向学生进行授课。线上教学是互联网等技术的繁荣带来的产物。具体而言,线上教学是指教师运用在线平台进行授课、学生使用前述在线平台进行学习的教学模式。顾名思义,线上线下混合式教学是一种将互联网技术与传统课堂教学相结合的教学模式。在这种混合模式中,在线上教学

---

〔1〕　参见《美国统一电子交易法》第2条的规定。
〔2〕　参见《联合国国际贸易法委员会电子商务示范法》第1条的规定。

阶段，教师利用设备录制授课的内容，通过互联网进行共享，学生可以在线自主完成学习过程。在线下教学阶段，教师对授课的知识进行深入的讲解，并为学生解答线上教学阶段的学习疑问。

混合教学模式兼具在线教学和传统教学的优势，既激发学生的主动性、积极性与创造性，又发挥教师指引、启示、督促的作用。[1] 线上教学使得学生可以随时随地进行碎片化学习，获得相关基本知识，为线下深入学习做好知识储备工作，利于提高线下课堂教学的质量。在线下教学中，教师讲授课程内容的重点与难点，并解决学生线上学习中暴露出来的问题。两种教学模式的有机结合，既可以使学生的学习过程具有分明的层次性，提升学生学习的深度；还可以使教师的授课内容更加具有针对性，提高授课的效率与效果。最新的实证研究也表明，混合教学模式对学习具有促进效果。[2]

在新文科课程《电子商务法》中，教师便使用了这种线上线下混合教学的模式。教师在在线教学平台"中国大学 MOOC"上，为全班学生注册了《电子商务》课程。教师要求学生积极参与观看课程视频、完成课堂测验、参与案例研讨等在线教学环节。《电子商务》课程偏重电商理论与电商实践，帮助学生获取了关于电子商务的基础知识，拓宽了学生看待问题的视野。在线下课程中，教师着重从法律视角出发，讲解电子商务经营主体、电子商务平台、电子商务合同、电子商务民事责任与争端处理等重要理论知识。学生通过线上学习阶段获得的商业实践知识有助

---

〔1〕 何克抗：《从 Blending Learning 看教育技术理论的新发展（上）》，载《电化教育研究》2004 年第 3 期，第 1 页。

〔2〕 李宝敏等：《混合教学对学生学习成效的影响——基于国内外 106 篇实证研究的元分析》，载《开放教育研究》2022 年第 1 期，第 81 页。

于其在线下学习阶段理解相关法律问题的本质。该课程通过"线上"+"线下"的混合教学模式,有效地实现了学生深度学习电子商务法的教学目标。下面,本文将以《电子商务法》为蓝本,分别从线上授课与线下授课两个阶段,分别详细阐述教师为构建新文科线上线下混合教学模式而作出的有益尝试。

二、《电子商务法》线上教学模式的构建

《电子商务法》课程作为一门新文科学科,兼具电子商务与法学的内容。我校作为以法学专业闻名的高等院校,法学教学的师资力量与教学水平均居全国领先水平,本校教师具备充足的能力通过线下授课模式为学生讲解电子商务法课程中的法学知识。对于该课程中的电子商务部分,鉴于术业有专攻,教师可以与电子商务专业的优秀教师合作,共同讲授电子商务知识。提供优质电子商务课程的教师可能位于其他高校,地域距离的限制使得学生只能通过线上模式学习该课程,信息技术的发展也为线上教学提供了可能性。于是,教师在本课程中采用了线上电子商务课程与线下法学课程相结合的混合教学模式。线上线下混合的教学模式使得教师能够以本校线下法学教学资源为立足点,结合其他高校线上的优质电子商务课程展开新文科的教学,实现优质教学资源的强强联合,充分发挥两种教学资源的优势。关于线上教学模式的具体构建,本文认为,可以从教学工具的选择与教学内容的规划等方面展开。

(一)教学平台的选择

工欲善其事,必先利其器。教学内容是本质,在线教学平台是工具,其服务于教学内容的呈现,为线上教学活动的顺利开展

提供技术保障。所以，选择合适的在线教学平台是新文科线上教学中必不可少的一环。近年来，各种各样的在线教学平台如雨后春笋般涌现。面对令人眼花缭乱的在线教学平台，教师应当做出适当的选择。基础功能是根本，如果在线教学平台没有强大、持续、稳定的基础功能，即使其具有繁多、新颖的功能，也无法充分发挥其线上教学工具的作用。本文认为，一款适合于高校新文科线上教学的在线教学平台应当具备以下三项基础功能。

第一，在线教学平台应当具备上传、查看、下载学习资料的功能。根据教学的具体流程，该功能又可以拆分为多项具体的功能：教师可以利用该学习平台上传教学资料与课堂练习，学生可以查看、下载前述资料，学生能够上传课堂作业与展示内容，教师能够查看下载学生的课堂作业与展示内容。在线教学平台只有同时具备前述各项具体功能，教师才能利用该平台将线上教学阶段形成一个完整的闭环，提高线上教学的效果。从细节来看，教师与学生上传、查看、下载的学习资料可能体现为教学课件、思维导图、教学视频等形式，所以在线教学平台应当能够支持文字、图片、音频、视频等多种格式的文件的上传、查看、下载。

第二，在线教学平台应当具备大容量储存的功能。这主要是基于三个方面的考虑。一是《电子商务法》作为一门新文科学科，兼具电子技术、商务、法律等知识点，相较于传统文科，教师需要上传更多的教学辅助资料。二是在线上教学阶段，教师上传的教学辅助资料不仅可能以文字为载体，还可能以图片、音频甚至视频为载体。这些教学辅助资料对储存空间的要求较高。三是，在线上教学模式中，不仅老师需要上传教学辅助资料，学生也需要上传其课堂作业或者展示内容，这对在线教学平台的储存空间的容量提出更高的要求。如果在线教学平台的储存空间较小，教师与学生可能无法上传、保存、查看相关学习资料；或者在上传、查看学习资料的过程中，网页或者软件出现卡顿的问题，浪费教师与学生的时间，降低教学与学习的效率。所以，为保障线上教学的顺利开展，在线教学平台应当具备大容量存储的基本功能。

第三，在线教学平台应当具备统计学习时长的功能。在线教学平台的统计学习时长的功能对教师合理安排教学活动而言，具有重要的意义。其一，教师通过在线教学平台统计并显示的学习时长，可以对学生的学习行为进行有效的监督，鼓励、督促学生认真进行线上学习。其二，只有完成一定时长的学习，才有可能获取教学目标所要求的基础知识。在线教学平台所统计的学生学习时长，从"量"的角度，为教师判断线上教学的效果提供了一定依据。其三，通常而言，当学生在进行线上学习时，如果学生觉得该知识点是重点或者难点，通常会反复学习该学习资料，学习时间长于正常预估用时。教师可以通过观察这些"超长"的学习时长，发掘学生线上学习中的重点与难点，在线下授课中进行重点讲解或者安排答疑解惑环节。

也正是基于前述三个方面的考虑，任课教师选择了"中国大学MOOC"作为本课程线上教学阶段的教学平台。该平台是国内极具影响力的在线开放课程平台，为教师与学生创造了教、学、考、管四位一体的综合教学环境。[1] 在"教"的维度，教师通

---

〔1〕 陈一明：《"互联网+"时代课程教学环境与教学模式研究》，载《西南师范大学学报（自然科学版）》2016年第3期，第230页。

过出镜、实景、动画、访谈等多种方式呈现教学内容,[1] 在该
在线教学平台上发布教学资源,实现优质教学资源的共享。在
"学"的维度,该在线教学平台为学生提供了一种不同于传统线
下教学模式的知识传播方式与学习方式,学生可以在平台上自行
学习教师上传的教学资源,学习活动呈现出更强的灵活性、自觉
性、主动性。在"考"的维度,教师通过该在线教学平台发布课
堂测验、课后作业、期末考试,能够及时考核学生的学习状况。
在"管"的维度,教师可以通过该在线教学平台统计学习时长、
课堂签到、批改作业、回复提问,有效地对学生的线上学习活动
进行管理与引导。

(二)电子商务课程的选择

在"互联网+课堂"的教学模式中,线上教学资源的构建是
关键。[2] 在本课程中,在线上教学阶段,教师采用与其他教师
合作的方式,共同讲授电子商务知识,那么教师构建线上教学资
源的基础环节是选择一门合适的电子商务课程。教学资源的构建
应当以教学目标的实现为出发点与归宿。教育目标可以分为三
类,即认知领域、情感领域与动作技能领域的教育目标,三类教
育目标之间具有连续性、积累性、层次性。[3] 在混合教学模式
中,线上教学为线下教学的先导阶段,线上教学阶段应当实现在
先的教学目标类别,即实现认知领域与情感领域的部分教学目
标。具言之,在线上学习阶段,学生应当掌握学科的相关基础知

---

〔1〕 苏小红等:《基于 MOOC+SPOC 的混合式教学的探索与实践》,载《中国大学
教学》2015 年第 7 期,第 61 页。

〔2〕 郭亮:《网上教学与课堂教学混合教学模式研究与实践》,载《高教学刊》
2021 年第 17 期,第 93 页。

〔3〕 汪应等:《高校教师信息化教学能力构成研究》,重庆大学出版社 2018 年版,
第 7~8 页。

识，实现认知领域的"知识"目标与"理解"目标；培养起对学科的兴趣，在"接受"与"价值判断（重视其价值）"的层面实现情感领域的教学目标。

根据线上教学的前述教学目标与新文科的学科特征，本文认为，合适的《电子商务法》线上课程应当具备以下三项特征。其一，为实现认知领域的"知识""理解"的教学目标，针对新文科具有跨学科的特点，所选择的课程应当具有共同性的特征。电子商务法兼具电子商务与法律的内容。该特点要求所选择的电子商务课程不能只呈现单一的电子商务的相关知识或者法律的相关知识，而是应当呈现电子商务与法律的交叉知识点。只有如此，教师才能实现从分别学科教学到交叉学科教学的转变。其二，为实现认知领域的"知识""理解"的教学目标，针对线上教学旨在为线下教学提供背景知识的功能定位，所选择的课程应当具有基础性的特点。所选择的电子商务课程的内容应当涵盖该学科重要的基础知识点，帮助学生深入理解电子商务的基本概念与基础原理，为学生理解、解决法律纠纷提供知识储备。其三，为实现情感领域的接受、价值判断的教学目标，线上教学应当能够激发学生线下深入学习的动力。所以，所选择的课程应当具有趣味性的特点。线上教学不仅要实现关注结果的"学会"，更要走向关注过程的"会学"与"爱学"。[1]电子商务作为技术发展带来的新兴事物，其所引发的问题通常晦涩枯燥，所选择的电子商务课程应当能够通过生动形象、贴近生活的案例，帮助学生理解基本概念，引导学生培养问题思维，丰富学习体验，培养内在学习兴

---

〔1〕　李宝敏、祝智庭：《从关注结果的"学会"，走向关注过程的"会学"——网络学习者在线学习力测评与发展对策研究》，载《开放教育研究》2017年第4期，第99页。

趣，发展内源学习动力。

正是出于前述三个方面的考虑，任课教师选择了国家精品课程《电子商务》，并以此为基础展开线上教学。首先，该课程具备电子商务学科与法学学科的共同知识点。例如，电子商务合同的成立与履行是两个学科中均存在的知识点。该课程的第二章为"透视网络交易"，对应法学教学中的知识点"电子商务合同的成立"。该课程的第四章与第五章分别为"解密电商支付"与"加速电商物流"，对应法学教学中的知识点"电子商务合同交付义务或服务提供义务的履行"。其次，该课程具备电子商务学科与法学学科的基础知识点。例如，电子商务经营主体是两个学科中的基础知识点，《电子商务》的第一章"认识电子商务"介绍了阿里巴巴、京东、拼多多等重要的电子商务经营主体，以实例的形式，从商业的视角让学生理解该基本知识点的含义与分类，有助于学生从法律的维度理解该基本知识点的概念、性质与特点。再次，该课程的授课内容与方式具有趣味性。该课程通常以备受关注的事件为出发点，创设贴近生活的场景，以简短的视频的形式，深入浅出地讲解相关知识，实现寓教于乐的教学效果。例如，《电子商务》第七章的内容为"开启电商梦想"，教师为学生提供了一个模拟情境：学生如何在天猫、京东等电子商务平台上开设自己的店铺。学生身临其境地投入电子商务活动中，在轻松愉快的环境中深入理解电子商务经营主体的有关知识。

（三）法学内容的融合

在《电子商务法》新文科线上线下混合教学模式中，线上教学阶段与线下教学阶段的教学目标分别为讲授电子商务知识与讲授法学知识。两个阶段并非割裂的，而是相互融会贯通的，为此，教师需要在线上阶段的电子商务教学中融入法学知识，实现从商学教学到法学教学的过渡。在线上教学阶段，《电子商务》课程大多以商事案例的形式呈现教学内容，以轻松生动的方式为学生介绍电子商务的基本知识，激发学生的学习兴趣。保持教学风格的一致，任课教师在线上教学阶段，也采用案例教学的方式，引导学生在理解商业运行的基础上，思考商业现象背后的法律本质，为线下阶段的法律教学做好铺垫。

案例教学法是指教师提供一个包含问题的特定情境，指引学生对问题进行思考和讨论的教学方法。[1] 其中，案例的选择是核心环节。[2] 教师在新文科线上教学阶段所选择的案例材料应当具备三项特性，即真实性、典型性与启发性。第一，真实性；这是指教师选取的案例应当以事实为基础，客观描述案件的发展过程。正如格柯所言，案例是商业事务的记录，决策者所面临的实际困难、决策所依赖的事实等内容都在其中有所体现，教师向学生展示这些真实的、具体的事例，促使学生对问题进行深入的分析和讨论，并思考采取何种措施。[3] 真实的案例能够间接地将学生置于实践问题的发生场景，为学生进入社会做好过渡与铺垫。第二，典型性；这是指教师应当优先选择能够突出体现某一问题的案例。大千世界中的案例众多，教师只有选择问题突出、特色鲜明的案例，学生才能简单、快速地抓住案例的本质，提炼出相关的理论知识点，实现案例教学辅助理论教学的目的。第

---

〔1〕 郑金洲:《案例教学: 教师专业发展的新途径》, 载《教育理论与实践》2002年第 7 期, 第 37 页。

〔2〕 赵洪:《研究性教学与大学教学方法改革》, 载《高等教育研究》2006 年第 2期, 第 72 页。

〔3〕 范国睿:《学校管理的理论与实务》, 华东师范大学出版社 2003 版, 第 46 页。

三，启发性；这是案例材料应当具备的最为核心的特质。启发性是指，该案例能够帮助学生在理论学习的基础之上获取实践经验，实践经验反哺于理论知识，既能够加深对原有理论知识的理解，又增加了在原有理论知识的基础上进行一定创新的可能性。

在本课程中，任课教师结合授课的内容与进度，精选课堂讨论的主题，包括饭圈经济、人工智能主客体争议、社交电商、外卖送餐平台、电子商务经营主体的认定、智能合同、《电子商务法》第 38 条第 2 款等。围绕着课堂讨论的主题，教师根据前述三项标准，精选教学案例。例如，针对电子商务经营主体的知识点，教师以"经营主体""平台""经营资格"等词语为关键词进行案例检索，层层筛选后将"花生日记案"[1] 列为教学案例之一。其一，该案例是一个真实发生于广州的案例，符合真实性的特征。其二，该案例涉案人员多、涉案金额高、结构层级多，且相关主体涉嫌通过网络进行传销，这是当前学生较为关注的问题，符合典型性特征。其三，教师可以结合该案例，设置与电子商务经营主体相关的学习任务供学生思考，例如，"花生日记"APP 是否属于电子商务经营主体、该平台是否符合电子商务经营主体的特征。该案例对于学生理解电子商务经营主体的含义与特征具有启发性。教师选择案例后，在"中国大学 MOOC"上发布，学生线上讨论，碰撞思想的火花，教师线上回复，引导学生从饭圈经济、外卖骑手、网络传销等生活场景、商业实践中发现法律问题，培养学生的法律思维。

---

[1] 参见《行政处罚决定书》（穗工商处字〔2019〕13 号）。

三、《电子商务法》线下教学模式的构建

虽然随着信息技术的发展，线上教学日益兴盛，但是线下教学仍然具有线上教学不能代替的功能。从表象层面的教学环节的具体流程来看，通过线下教学，教师能够检验学生线上教学阶段的学习效果，对线上教学的疏漏之处进行查漏补缺；教师能够以不同于线上教学的形式，再次呈现知识点，促进学生对知识的巩固；教师可以对学生线上学习阶段的问题进行回应。可以说，线下教学阶段是对线上教学阶段的补足、巩固与升华。从本质层面的教学目标的最终实现来看，如前文所述，线上教学阶段仅能实现认知领域的部分初级教学目标与情感领域的部分初级教学目标，前者包括"知识""理解"，后者包括接受、反应、价值判断（认识其价值）。"运用""分析""综合""评价"等认知领域的高级教学目标的实现、"价值组织（人生观）""价值个性化"等情感领域的高级教学目标的实现、创造等动作技能领域教学目标的实现需要通过线下教学模式实现。在这个意义上，线下教学阶段不仅是对线上教学阶段的补足、巩固与升华，更具有独立存在的意义。为有效地实现线下教学的前述教学目标，本文认为，教师可以从教师讲授和学生互动两个方面对线下教学进行科学的规划。

（一）教师讲授环节的规划

在线下教学的教师讲授环节，教师需要分别从"量"与"质"两个方面对教学内容进行科学合理的规划。"量"是指教师在线下教学阶段讲授"讲多少"的问题，这在教学实践中通常体现为教师将多少学时用于讲授知识。要解决这个问题，应当处理

好两个关系，即线下教学阶段的任务量与线上教学阶段的任务量的关系、线下教学阶段的教师讲授的任务量与学生互动的任务量的关系。首先，妥善处理线下教学任务量与线上教学任务量的关系。一般认为，这两个任务量之间存在着此消彼长的关系，线上教授得越多，线下讲授得越少。本文认为，该观点是从表面上理解混合课堂的教学模式。混合课堂的构建应当始终以教学目的为中心，即围绕着最大限度地帮助学生理解掌握知识而展开。线上教学模式与线下教学模式皆服务于前述教学目标的实现，因此，两种模式的任务量之间并非此消彼长的关系，而是相辅相成的关系，共同促进学生深入掌握课程知识。根据两者之间的关系，结合新文科课程具有跨学科的特点，任课教师对《电子商务法》线上教学与线下教学的任务量作出了合理的安排。在本课程中，教师将线上教学完全置于课下时间，不占用课堂学时。线下教学阶段占用该课程的全部课堂学时，教师全部将其用于讲授电子商务法的法律知识。如此设置方能体现《电子商务法》课程的特点。具言之，虽然《电子商务法》是一门具有跨学科特点的新文科课程，但是这是一门以法学教学为重点的、为法学院校的法学专业的学生开设的新文科课程。其次，妥善处理线下教学阶段的教师讲授的任务量与学生互动的任务量的关系。目前，大多数高校采取的做法为，将讲授完全转移到线上教学阶段，教师提供内容详尽的讲解视频，学生观看讲解视频进行线上学习，线下课堂时间完全用于学生互动。本文认为，前述做法并不完全适合《电子商务法》的教学。《电子商务法》的线下教学阶段共有 32 个学时，将恰当的时间用于教师讲授后，尚有充足的时间用于学生互动。如果将 32 个学时全部用于学生互动，反而可能会导致学生心理松懈、注意力涣散，致使线下课堂学习效率低下，可谓适得其反。更为重要的是，教师线下讲授具有学生互动无法替代的独特意义。对于授课知识点，教师通常具有更全面的、深刻的、细致的理解，教师的线下讲解能够帮助学生从不同的角度更加深刻地理解教学内容。至于教师讲授与学生互动之间工作量的具体划分，本文认为，应当以帮助学生实现知识的消化掌握为核心，根据每个授课章节的情况具体决定。考虑的因素包括但不限于，理论知识的难以程度、学生的理解消化情况、学生的线上学习情况、该知识点与社会实践联系的强弱等。如果该章节的授课内容理论知识较为深奥、学生难以理解该知识、线上自主学习情况不理想需要线下教学补足、该知识点与社会实践的联系较弱，教师可以考虑将更多的学时用于讲授，反之教师可以考虑将更多的学时用于学生互动。

"质"是指教师"讲什么"及"如何讲"的问题。本文认为，教师在线下教学阶段可以主要讲授如下几个方面的知识。第一，重要知识点的讲解。教师在线下教学阶段讲解重要知识点，有助于巩固加强"知识""理解"等认知领域的教学目标的实现。重要知识点既包括教师根据学识与经验判断出的重要知识点，也包括学生在线上学习阶段反馈的重要知识点。教师需要对重要知识点的讲解进行合理的具体规划，以实现学生深入理解、牢固记忆该知识点的目的。本文认为，为实现上述目的，教师应当充分考虑人脑的记忆规律。心理学将人脑的最佳记忆规律概括为序列位置效应，这是指人脑在记忆的过程中，无法持续保持高效的记忆能力，其在回忆一系列相关信息时，对开始阶段接受的信息与最后阶段接受的信息回忆效果较好，心理学分别将其称为首因效应与近因效应。[1] 根据前述效应，相较于在首尾位置输入的信息，对中间位置输入的信息，人脑的记忆效果较差。参考序列位置效应，教师在设计线下阶段的授课内容时，应当将重要的知识点安排在课程开始与课程结束的位置，充分发挥首因效应和近因效应的作用，促进学生对重要知识点的理解与记忆。第二，实践案例的讲解。教学的初衷是培育学生运用理论知识分析解决现实问题的能力。为促进该教学初衷的实现，在教学过程中，教师应当将最前沿的社会问题、最新的实践经验与生动的案例引入课堂，及时转化为教学资源。[2] 如同线上教学阶段案例材料的选取标准，线下教学阶段的案例材料也应当具备真实性、典型性与启发性三项特征。在具体授课方式方面，为实现通过案例教学辅助理论讲解的目的，教师可以将线下讲解环节设计为"理论讲授+案例分析+理论讲授"的结构。该种教学结构既有助于学生了解理论知识在现实问题中的运用，又可以通过实践案例加深对重要理论知识的理解与记忆，有助于实现理论教学与实践教学的高度融合。教师通过实践案例的讲解，能够帮助学生实现"分析""运用"等认知领域的教学目标。第三，启发型知识点的讲解。《电子商务法》作为一门随着信息技术的发展而诞生的学科，大量前所未有的法律问题不断涌现。相应地，教学目的不能局限于授之以鱼，更应当要求授之以渔，不满足于要求学生机械地记忆现有的知识点，更要求学生获得发现问题、分析问题、解决问题的能力。在线下教学阶段，教师讲解启发型知识点，可以激发学

---

[1] 钟毅平、陈智勇：《位置特异性和项目呈现方式对即时情景记忆顺序重构的影响》，载《心理学探新》2010 年第 5 期，第 34 页。

[2] 卢春龙：《"四型人才"导向的"四跨"——中国政法大学法治人才培养的新模式》，载《政法论坛》2019 年第 2 期，第 24 页。

生的探索精神，培养学生的问题意识与科学思维。[1] 教师以提问的方式，对学生进行引导、点拨，培养学生举一反三、触类旁通的能力，获得更多的延伸知识，培养解决新问题的能力。通过启发型知识点的讲解，教师可以帮助学生实现"综合""评价"等认知领域的教学目标。

（二）学生互动环节的规划

学生互动是学习者有效参与课堂的重要方式。学生参与是一种教学理念，倡导师生一起营造轻松愉快的学习环境，激励所有的学生都乐意参与学习过程。[2] 在从教师讲授阶段到学生互动阶段，学生完成从"观众"到"主演"的角色转化，教师完成从"主演"到"导演"的角色转化。在学生互动阶段，教师并非毫无作为的旁观者，而应当扮演组织者、观察者、调整者的角色。本文认为，教师对学生互动环节的教学设计可以依据学科的特点，设计课堂展示、课堂辩论、角色扮演等各式各样的教学活动。在本课程中，《电子商务法》作为一门新文科课程，兼具商学与法学的内容，两者均具有实践性强的特点，且在商事实践与法律实践中，相关主体均需要分组协作方能实现特定的工作目的。针对上述特点，本文认为，教师可以采用以下三种方法展开学生互动环节的教学。

第一，采用模拟教学方法。电子商务法的目的是，应对现实生活中电子商务业务迅猛发展而产生的各类法律问题，以现实问题推动理论发展，再以理论反作用于现实问题。以法律理论解决

〔1〕　陶沼灵：《启发式教学方法研究综述》，载《中国成人教育》2007 年第 7 期，第 139 页。
〔2〕　崔佳、宋耀武：《"金课"的教学设计原则探究》，载《中国高等教育》2019 年第 5 期，第 48 页。

现实问题的过程，大多依据法学三段论的演绎推理方法，即以"大前提——小前提——结论"为逻辑框架展开分析。该技能并不是通过他人讲授便能轻易获取的，如果仅仅通过线上视频教学或者教师线下讲授，学生对法学三段论的掌握仅局限于纸上谈兵的层面，学生须得通过多次实践训练方能获取该技能。通常，在校学生难以获得进行司法实践的机会，模拟教学便弥补了该项不足。模拟教学方法是指教师通过对教学内容涉及的环境或过程的模拟再现，让学生融入场景，扮演不同角色，从而比较深入直观地理解教学内容的教学方法。[1] 在模拟教学方法中，教师选取源自法律职业实践的真实案例，模拟实际的法律职场环境，指导学生进行参与式、操作式、扮演式、体验式学习。[2] 学生将自己代入案件当事人的角色，生动地还原案件的发展过程，厘清案件发展的来龙去脉，发掘案件的因果关系，感受商业与法律实践的氛围，激发学习的能动性与积极性。教师通过此种沉浸式教学方法，实现培养学生演绎推理技能的教学目的。通过此种模拟教学的方式，教师可以全面实现认知领域、情感领域、动作技能领域的教学目标。首先，通过模拟教学方法，教师引导学生运用理论知识解决实践问题，并通过解决实践问题促进学生对理论知识的理解，有助于巩固加强"知识""理解""运用""分析""综合""评价"等认知领域的教学目标的实现。其次，通过模拟教学方法，教师可以培养学生公平正义的价值观念、严谨务实的职业操守，并将其内化为学生个性的重要组成部分，有助于情感领

---

〔1〕 周金恋：《情景模拟教学模式在行政法学教学实践中的应用》，载《洛阳师范学院学报》2021 年第 12 期，第 72 页。

〔2〕 王均平：《法学实验教学相关概念的界定及其应用》，载《高等教育研究》2012 年第 9 期，第 70 页。

域的教学目标的实现。最后，通过模拟教学方法，教师指导学生寻找厘清纠纷的线索，模仿先前的经验，尝试解决问题，形成熟练的习惯，进而作出复杂的动作，最终进行创新，实现动作技能领域的教学目标。

第二，组织学生进行分组学习。无论是从商务的视角来看，还是从法律的视角来看，电子商务法实践中均存在着不同的角色。电子商务实践引发的法律纠纷中便存在着原告、被告、律师、法官等角色。针对电子商务法律实践中主体众多的特点，在学生互动环节，教师可以采用分组教学的方式。为提高教学效率，本文认为，应当鼓励学生自由组合成学习小组。该措施主要是考虑到心理学上的互悦机制。所谓互悦机制，是指人们通常会喜欢那些喜欢自己的人或事物。[1] 分组学习的核心要素是学生之间互相欣赏，并产生与对方共同学习的意愿。只有教师尊重学生选择学习伙伴的意愿，学生选择其认为合适的学习伙伴，学习心态才会更加积极，这是提高学习效率的重要因素。关于分组学习的具体安排，教师根据《电子商务法》的课程设计，挑选相关的电子商务法案例，划分出案例中需要扮演的不同角色，例如原告、被告、律师、法官。学生自由组合成小组，自行选择所要扮演的角色，完成小组与角色的匹配，形成原告小组、被告小组、律师小组、法官小组。各个角色小组推选出代表，组成各类角色齐全的大组，分别扮演相应的角色，还原案件审理过程。学生在一来一往的辩论中，积极投入教学活动，从讲座式课堂的被动接受者变成互动式课堂的主动思考者。这种分组学习的方式既能够

---

〔1〕 苏芮：《小组学习合作中常见的八大心理效应》，载《教学与管理》2015 年第 3 期，第 118 页。

以小组成员之间的协作来提高学生学习意愿，又能够以大组成员之间的问答与辩驳来开拓学生的批判性思维，学生在此过程中完成知识的消化掌握。教师通过分组学习的教学方法，培养学生勇于担当、敢于负责的独立精神，并将其内化为学生性格的一部分，促进情感领域的教学目标的实现。

第三，引导学生进行协作学习。电子商务法的实践既离不开分工，更离不开协作。因此，在线下教学的学生互动环节，教师也应当注重培养学生协作学习的能力，以便为以后的协作工作能力的培养打下坚实的基础。协作学习是指学生采用小组的方式，为实现相同或者相似的学习目的，在彼此交流摩擦的过程中，使自己和他人的学习收获均能最大化的合作型学习方式。[1] 当前，我国高等教育中协作学习能力的培养有所欠缺。高校为充分尊重学生的学习兴趣，对于同一课程内容，不同教师分别开设不同的课程，供学生自由选择。如此，不同行政班级的同学自由组成了同一个教学班级，这导致同一教室上课的学生并不熟悉彼此的状况。加之，在传统的教学模式下，课堂几乎完全由教师主导，学生根据教师输出的教学内容被动输入，师生之间并无交流，学生之间更是如此，更无需谈协作学习。线下教学的学生互动环节可以弥补这一缺陷。在模拟教学的分组学习过程中，教师引导学生增加交流次数，积极进行思考，勇敢讨论问题，激发灵感火花。如此，协作学习不仅能够在学生之间产生的良好学习氛围，还能够提高学生的沟通交流能力。[2]教师通过协作学习的教学方法，

---

〔1〕 毛刚等：《基于活动理论的小组协作学习分析模型与应用》，载《现代远程教育研究》2016 年第 3 期，第 93 页。

〔2〕 张金磊等：《翻转课堂教学模式研究》，载《远程教育杂志》2012 年第 4 期，第 49 页。

培养学生尊重包容、团结互助的合作精神，并将其内化为学生性格的一部分，加强实现情感领域的教学目标。

四、新文科线上线下混合教学模式的展望

在《电子商务法》的线上线下混合教学过程中，本课程有许多创新性的亮点。例如，教师每周总结本周的授课要点、邀请法律专家对拓展的法律问题进行深入讲解、对每周线下课程的教师授课内容与学生互动内容进行留存。在课程结束后，教师对该课程进行了全面的总结，发现还可以从以下四个方面着手，进一步完善新文科线上线下混合教学模式，以促进新文科教学建设的长远持续发展。

第一，编写图书教材。编写图书教材在新文科教学建设中具有重要的意义，这主要体现在以下三个方面。首先，图书教材能够为教师展开新文科教学提供重要的教学辅助资料。如前文所述，新文科是多个学科的内容交叉融合的结果，该课程的知识涵盖多个学科的内容，相应地，教师也需要新的教材作为授课依据。当前，教师使用的相关教材大多只集中展现某一学科的知识，没有充分体现新文科知识融合的特点。针对当前新文科教材的前述问题，教师大多自行编写授课讲义。但是，讲义通常仅为授课大纲与重要知识点，内容比较简洁粗略，详细程度有所欠缺。而且讲义作为信息传播媒介，具有非正式、非公开的特点，受众范围小，覆盖面窄，影响力小。所以，本文认为，有必要将新文科授课讲义转化为正式公开出版物，使其书面化、详细化、完整化、理论化、系统化，为广大高校教师展开新文科教学提供规范的教学辅助资料。其次，新文科图书教材能够为学生自主学

习提供重要的学习参考资料。如前文所述，在新文科线上线下混合教学模式中，学生自主学习的特点较为突出。在自主学习时，学生需要将图书教材作为重要的学习参考资料。目前，在新文科线上线下混合教学模式中，学生主要的学习参考资料是教师发布的教学大纲或者简洁版的教学讲义。这些教学资料的内容较为粗略，无法满足学生全面深入理解知识的需求，学生亟需内容详细具体且具有一定理论深度的新文科教材。而且，新文科作为多个学科交叉融合的产物，其内容通常具有庞杂的特点。图书教材以体系化的形式呈现新文科知识的逻辑结构，能够帮助学生梳理清楚相关内容的逻辑脉络，有助于降低无关性认知负荷，增加相关性认知负荷，促进学生对相关知识的理解与掌握。再次，图书教材对高校提高其在高等教育领域的话语权与领导力具有重要意义。新文科图书教材的编撰不仅对教师与学生具有重要的意义，对高校的建设与发展也具有一定的促进作用。教师编撰新文科图书教材，是以书面的形式记录、留存、呈现新文科线上线下混合教学模式的丰硕成果。图书教材作为一种正式公开出版物，可以向社会各界宣传本校新文科线上线下混合教学模式的突出成就，向全国其他高校推广该校新文科线上线下混合教学模式的成功经验，为全国其他高校进行新文科线上线下混合式教学提供范本，能够增强本校在全国高校圈内的影响力。在全国高校奋力建设一流大学与一流专业的浪潮中，建设一流课程与一流教材是必不可少的基础环节。高校将新文科图书教材编纂纳入高校特色教材建设体系，使其成为高校特色教材建设项目的重要组成部分，是其提高综合实力、增强竞争力、争创一流的重要途径。对此，高校可以采取项目支持、资金支援、荣誉褒奖等措施，激励教师投身于新文科教材建设。

　　第二，完善学分认定。为使人才培育有据可依，高校针对各个专业制定了详细的培养方案，明确了培养目标、培养要求、课程设置等基本内容，并公布了学分要求，以量化的方式评价学生是否完成相应的培养课程，是否达到相应的培养要求，是否实现相应的培养目标。在教育实践中，更为重要的是，达到学分要求是学生获得毕业证书与学位证书的必要前提。因此，学生特别重视学分的获取，学分的高低甚至成为学生决定是否修读特定课程的重要考虑因素。对此，高校与任课教师在规划新文科线上线下混合教学课程时，应当注意合理规划课程的学分，提高学生修读该门课程的积极性。本课程《电子商务法》属于专业选修课类别，该课程的学分设置是否合理，将会直接影响学生专业选修课学分的积累。目前，该课程的线上教学阶段与线下教学阶段的学分认定是割裂的。对于线上教学的认定，在线教学平台向学生发送电子版的认证证书。虽然电子认证书形式新颖，但其不属于高校培养方案认可的学分。对于线下教学的认定，学生可以获得2个学分，这是培养方案承认的学分。在当前的新文科线上线下混合教学模式中，学生在线上学习阶段付出了一定的时间与精力，但是没有获得培养方案认可的学分，这不利于激发学生选择新文科线上线下混合教学课程的积极性。本文认为，在线上教学阶段，学生完成了一定的学时，掌握了一定的理论知识，获得了一定的实践技能，完成了一定的教学目标，完全符合获得相应学分的基本要求，该阶段的学分应当得到高校培养方案的正式认可，以激发学生修读新文科新上线下混合教学课程的积极性，充足的选课生源有助于促进该教学模式的长远健康发展。综上，本文建议，在未来修改培养方案时，高校可以打通线上线下学分认定机制，认可线上教学阶段的学分，将其与线下教学阶段的学分合并，共同作为新文科线上线下混合教学课程的学分。

第三，改革考核模式。根据教学评价理论，教学评价分为诊断性评价、形成性评价与终结性评价。[1] 三者分别是教师在教学开始前、实施中、结束后三个阶段对教学活动进行的评价。在传统教学模式下，教师主要通过学生期末考试的答题情况评价该学期的教学与学习情况，这种是一种事后评价机制，其性质为终结性评价。但是，期末考试的答题情况只展现了试卷所考核内容的情况，无法展现整个课程的全面情况，具有一定的片面性。相较而言，形成性评价是一种更全面的评价方式，是教学评价理论的精髓。本文认为，应当在终结性评价的基础上，引入形成性评价机制，加大对教学过程中学生表现情况的评价力度，完善新文科线上线下混合教学模式的考核方式。根据教学评价理论，形成性评价的过程为，教师将整个教学过程拆解为一系列的教学阶段，对每个阶段的学习效果进行过程评价。在以电子商务法为蓝本的新文科混合教学模式中，整个教学过程可以拆解为线上教学阶段与线下教学阶段，后者又可以拆解为教师讲授阶段与学生互动阶段。教师可以对前述每个教学阶段均展开形成性评价：在线上教学阶段，教师可以在课程签到、学习时长、在线讨论、在线测验等方面，对学生的表现进行考核；在教师讲授阶段，教师可以通过课后作业、期末考试等方式，对学生理解掌握知识的情况进行考核；在学生互动环节，教师可以对学生在模拟教学中的表

---

[1] 汪应等：《高校教师信息化教学能力构成研究》，重庆大学出版社 2018 年版，第 8 页。

现进行评价，不仅可以查考学生对知识的理解与运用情况，还可以评价学生分工与协作的综合素质。如此，建立形成性评价与终结性评价并重的考核机制，教师可以对学生线上与线下各个环节的学习状况进行全面的、详细的、彻底的考查，避免终结性评价"一锤定音"导致的偶然性。

第四，培养后备人才。新文科教学不是一件一蹴而就的事情，而是一项需要持之以恒的长久事业。新文科教学的目的不仅仅是教师向学生传授新文科知识，更重要的是培养一代又一代的新文科人才，尤其是储备生生不息的新文科师资力量。在高校教学实践中，选拔有志于高等教学的优秀硕博人才担当任课教师的教学助手，是一种培养师资后备人才的重要方式。在新文科线上线下混合教学模式中，高校也应当充分发挥该项制度的优势，为新文科教育事业的建设，打下良好的师资人才基础。相较于传统教学模式，教学助手在新文科线上线下混合教学模式中发挥着尤为重要的作用，这主要体现在以下三个方面。首先，教学助手可以充当线上与线下、学生与教师之间的桥梁。相较于传统教学模式，在混合教学模式中，学生自主学习的特点较为突出，学生在自主学习的过程中可能面临着一些困难，助教可以及时为学生提供帮助，初步解答学生的疑惑，并收集整理学生的疑问，及时反馈给任课教师，方便教师了解学生的线上学习状况，提前做好充分的准备，在线下课堂上对学生的疑问进行集中全面的解答。其次，教学助手可以协助教师操作复杂的在线教学平台。相较于传统教学模式，在混合教学模式中，教师需要操作大量先进、复杂的设备与网络。部分年龄较高的教师可能无法独自熟练操作复杂的网络与设备，进而回避开设新文科线上线下混合教学课程，但是，该部分教师教学经验丰富，是高校师资力量中不可或缺的一部分。因此，为鼓励该部分教师参与新文科线上线下混合教学课程，高校可以为其配备教学助手，帮助其操作网络与设备。即使是中青年教师，虽然其能够熟练操作网络与设备，但操作过程会耗费教师的时间、分散教师的精力，为提高教学的效率，也可以由教学助手辅助教师进行操作。在此过程中，教学助手既可以熟悉线上教学的流程，还可以通过任课教师的言传身教获得一手的教学经验。再次，教学助手可以帮助教师记录留存新文科线上线下混合教学模式的教学经验。新文科是一门崭新的学科，线上线下混合教学是一种崭新的授课模式。教师难以从此前的教学实践获取可资借鉴的经验，因此，教师需要自行探索此种新型教学模式的教学方法，在此过程中，教师可以将其记录并留存，为以后的教学活动提供参考经验。教学是一个连贯的过程，教师分身乏术，难以在连续授课的同时详尽地记录授课过程，即使课后通过回忆进行总结，难免有所疏漏。在此情况下，教学助手便起到良好的辅助作用。教学助手担当起"史官"的角色，如实、全面、详尽地记录教学全过程。教学助手整理汇总的教学记录，为教师调整教学规划、完善授课讲义、撰写课程总结、编撰图书教材提供了重要的依据，对新文科线上线下混合教学模式的改革与完善具有重要的意义。综上所述，在新文科线上线下混合教学模式中，高校应当重视教学助手的配备。尤其需要注意的是，相较于传统线下教学模式，混合教学模式的教学环节更加多样，教学内容更加复杂，高校需要为教师配备充足的教学助手。

结 论

当前，新文科建设是一场全球范围内的教育革新运动。在这场如火如荼的教育革新运动中，人才培育模式的转变是核心。高校应当及时抓住新技术带来的发展机遇，将新兴的线上教学模式与传统的线下教学模式相结合，实现新文科人才培育模式的改革与发展。得益于新文科线上线下混合教学模式的优点，在全体师生的共同努力下，《电子商务法》课程的教学取得了良好的效果。在线上教学过程中，各位学生均在线教学平台修习完成国家精品课程《电子商务》，全员取得中国大学 MOOC 认证证书。在线下教学过程中，各位学生积极参与课堂互动，将法律的相关知识与电子商务的相关知识紧密结合，深入掌握了新文科电子商务法的重要知识。由此可见，《电子商务法》是一门具有光明发展前景的新文科课程，学生通过该课程熟练扎实地掌握了相关的知识与技能，有助于其未来走在理论与实践的前沿，成为符合社会发展要求的全方面、多层次、高素质的人才。

刑法课程教学中思政元素的贯彻与运用

——以《网络刑事法学》为例

◎李怀胜*

摘　要：如何实现课程思政与专业学习的有机融合，是课程思政建设的难点和重点。任课教师应当明确课程思政在高校思政育人体系中的重要作用，注重挖掘课程中的思政元素，在课程目标上将思政作为重要建设要素。从知识、能力和价值三个维度贯彻思政元素。在具体框架设计上，要注重从教学方法、教学理念、教学内容等多个维度展开，同时贯穿课程预习、课程讲授与课程考核等所有环节。此外，要拓展第二课堂，延长课程教学线，通过联合培养、学训一体等多种模式，构建思政育人的大格局，实现知识传授、人才培养、品格塑造等多重价值。本文以《网络刑事法学》为例，对课程

＊　李怀胜，中国政法大学刑事司法学院副教授。

思政元素的贯彻进行阐释。

关键词：课程思政　网络安全　网络法治

一、问题的提出

当前，落实"三全育人"，实施课程思政，实现知识传授、能力培养、价值塑造三位一体的教学目标，已成为高校人才培养的共识。[1] 大学肩负着传授知识、启迪智慧、健全人格、扩展视野等多种功能，课程本身不仅是知识讲授的载体，也是思想教育的重要形式，课程思政建设承担着培育大学生正确的世界观、人生观、价值观的重要作用。[2] 2020 年，教育部印发的《高等学校课程思政建设指导纲要》对课程思政建设的重要意义、目标要求、内容重点等进行了全面阐释，是高等教学课程思政建设的重要遵循。《高等学校课程思政建设指导纲要》强调思政课程建设要有机融入教学，达到润物无声的效果。

然而，在实际的教学活动中，往往存在教师不知如何将课程教学与课程思政有机融合、课程本身的"求真"与思政教学的"求美"存在两张皮、为融入而强行融入的现象。部分教师不注重挖掘课程可能的思政点，其课程思政教学活动无法获得学生认可，没有达到课程思政的初衷与目的。部分教师对课程思政的重要意义认识浅薄，简单地认为课程思政就是在原有课程中间加入思想教育的环节，没有从立德树人的高度理解课程思政。还有的教师没有实现课程思政的连续性、衔接性和渐进性，没有形成一

---

〔1〕　余红剑、刘璐琳：《深挖课程思政元素提升育人实效》，载《中国教育报》2022 年 8 月 15 日，第 3 版。

〔2〕　李刚、张榆青：《基于思维型教学的国际私法学课程教学模式创新》，载《中国高等教育》2020 年第 8 期。

体化、全贯通的课程思政体系，为应付考核，往往在课程体系的某一个环节集中讲思政，而在其他环节则对课程思政置之不理，存在"头重脚轻"或者"头轻脚重"的现象。笔者认为，课程思政建设不是简单地在原有课程体系基础上"加料"的过程，它要在课程思政总体目标的指引下，实现政治伦理与专业伦理的结合、理论学习与专业实践的结合以及隐形教育与显性教育的结合，在教学环节、教学平台、教学方法等多维度对原有课程体系进行改造。为此，笔者以本人讲授的研究生《网络刑事法学》课程为例，浅谈刑法课程教学中思政元素的贯彻与运用，以求教于方家。

二、《网络刑事法学》课程思政建设的基本概况

以互联网为代表的新信息技术的出现，改变了人们沟通、交往的模式，并且逐步形成一个不同于传统社会的"网络社会"空间。[1] 笔者主讲的《网络刑事法学》是一门以"交叉""前沿""文理"为特色的课程，面向的受众对象是刑法学研究生，主要是在刑法学研究生一年级开设，同时也面向法学其他专业开放选课。本课程开设在每学年的秋季学期。在知识内容上，它以传统刑法学的知识体系、逻辑脉络为基础，同时格外关照信息时代的刑事犯罪的历史变迁进程，以及由此导致的刑事立法、刑事司法的变革，在技术与法律的双向互动关系中，刑事立法、刑事司法如何完成对网络犯罪的有效回应。网络时代对传统法学的冲击，贯彻于法学各个学科，而网络法治建设，又是我当前我国社会治

---

[1] [美]曼纽尔·卡斯特：《网络社会的崛起》，夏铸九等译，社会科学文献出版社 2006 年版，第 434 页。

理领域的主要短板和不足。在当前的刑法学研究和教学中，网络犯罪的地位逐渐提升。如果说二十年前"网络犯罪"指代的是刑法中的个别罪名的话，今天的"网络犯罪"已经成为与传统犯罪并驾齐驱的庞大犯罪类型。笔者在对课程进行设计时，结合网络犯罪的发展变化情况，确定习近平关于网络法治的重要论述作为课程的思政要素。在此知识背景下，课程以习近平关于网络法治的重要论述为指导，全面分析习近平关于网络法治的重要论述的科学内涵、逻辑体系、理论精髓，明确课程内容与习近平关于网络法治的重要论述的知识契合点。

《网络刑事法学》课程思政的建设方向和重点是：①在时代价值方面，帮助学生明确，习近平关于网络法治的重要论述是习近平法治思想的重要组成部分，是网络强国战略的重要理论支撑。习近平关于网络法治的重要思想以"网络安全"为核心，以"网络法治"为主线，以总体国家安全观和网络强国战略为依托，以国内国际为实践场域，形成了脉络清晰的理论体系。[1] ②在理论意义方面，帮助学生明确，在理论层面进一步凝练习近平关于网络法治的重要论述，不但具有深远的现实意义和绵长的历史价值，也是当代人文社会科学界的当然使命和责任，对继续全面推动网络空间法治化也具有重要的实践价值，学生在今后的网络刑事法学的学习中，应当自觉坚持以习近平关于网络法治的重要论述为指导，自觉运用马克思主义的方法论，坚持网络主权原则和网络强国战略，探索网络空间中的新型法律规则，帮助中国紧紧抓住信息时代的脉搏。

---

〔1〕 曹诗权：《习近平关于网络安全法治的重要论述研究》，载《公安学研究》2018 年第 1 期。

在课程设计中，《网络刑事法学》的课程思政建设目标是：①在知识层面，帮助学生认识，习近平关于网络法治的重要论述，既是互联网络演变形态和社会辐射力的必然产物，是适应时代需求的思想，同时也源自习近平个人的远见卓识，是习近平对马克思主义法学观的拓展运用，它开辟了中国特色社会主义法学理论的新境界。习近平指出，"互联网等现代信息技术深刻改变着人类的思维、生产、生活、学习方式，深刻展示了世界发展的前景"。[1] 课程思政的目标之一是帮助学生认识到习近平关于网络法治的重要论述是由网络安全观、网络主权观、网络国际合作观和网络法治观等几部分组成的有机整体。[2] 学生应当对习近平关于网络法治的重要论述的一些基本判断以及隐藏法理有基本的了解和认识。②在能力层面，课程通过对习近平关于网络法治的重要论述的知识层面的讲授以及网络犯罪的现实罪情的发展，帮助学生理解我国网络强国战略推进的具体步骤和发展方向、我国网络犯罪治理的复杂性以及网络犯罪治理与国家治理体系、治理能力现代化的有机联系。例如习近平总书记指出，"要严密防范网络犯罪特别是新型网络犯罪，维护人民群众利益和社会和谐稳定。要维护网络空间安全以及网络数据的完整性、安全性、可靠性，提高维护网络空间安全能力。"[3] ③在价值层面，通过对网络的时代变迁、网络犯罪的演变历程、具体网络犯罪的治理路径等知识的讲授，加深学生对习近平关于网络法治的重要论述的

---

〔1〕 《习近平致国际教育信息化大会的贺信》，载《人民日报》2015 年 5 月 24 日，第 2 版。

〔2〕 曹诗权：《习近平关于网络安全法治的重要论述研究》，载《公安学研究》2018 年第 1 期。

〔3〕 《加快推进网络信息技术自主创新 朝着建设网络强国目标不懈努力》，载《人民日报》2016 年 10 月 10 日，第 1 版。

理解。帮助学生理解习近平关于网络法治的重要论述的理论形态、理论特质、理论基石、理论内涵。帮助学生理解习近平关于网络法治的重要论述是我国网络强国战略的指导思想、事业坐标和行为准则，给我国网络事业提供了科学的指针。习近平关于网络法治的重要论述，是习近平法治思想的重要组成部分，是习近平网络空间治理思想的核心和精髓，共同推动了中国特色社会主义法治理论的形成和发展，坚定了学生对社会主义法治事业的信心。

《网络刑事法学》的课程思政体系从知识、能力和价值层面，全面贯彻习近平关于网络法治的重要论述，如下图 1 所示：

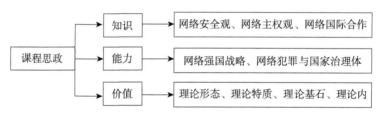

图 1　课程思政的要素分解

三、《网络刑事法学》课程思政与专业内涵的结合思路

《网络刑事法学》课程以专题讲授的方式，讲授网络犯罪、网络刑事法学的前沿专题性知识，因此在保证授课框架基本稳定的前提下，每学年授课都会根据网络犯罪的罪情发展、网络刑法的立法现状、网络犯罪的司法处置等更新部分授课内容。例如在2022—2023 学年的秋季学期授课计划中，共分十个专题，涵盖网络案罪的时代变迁到具体的网络犯罪、网络犯罪立法进程、智慧司法等内容。

（一）课程思政对课程主体的逐步沁润

《网络刑事法学》的课程思政的主要元素来自六个方面，包括典型的网络安全事件、党的相关决议、重要会议、网络犯罪案例、时事热点、总书记的重要指示等。根据授课的内容特点以及与习近平关于网络法治的重要论述的结合程度，《网络刑事法学》的课程思政的主要做法和思路是：①在教学理念上，一是坚持德法兼修，知识学习和价值建设双轴推进，例如在对网络秩序犯罪的讲授中，重点强调网络秩序犯罪对社会秩序、意识形态的冲击，进而引出"没有网络安全就没有国家安全"，加深学生对网络安全的深刻理解。通过介绍西方颜色革命的一些手法和具体危害，帮助学生理解为什么网络空间会产生秩序价值，秩序价值的内涵又是什么，刑法司法解释在网络犯罪体系中引入寻衅滋事罪的具体背景以及罪刑规范的具体适用等。帮助学生更深刻理解网络犯罪产生的时代背景；二是用近期的鲜活案例构筑学生的知识想象，培养学生的批判性思维和发散性思维，例如通过华为事件以及美国对中国芯片产业的封锁和打压，讲述 5G 时代安全的新特征，以及数字经济背景下更要注重网络安全、数据安全的基础性价值和地位。脱离了安全，发展就无从谈起。帮助学生理解，刑法如何促进数字经济的发展，如何通过对数据安全的维护、对算法和算力的保障，来实现刑法对数字经济的保障功能的实现；三是运用认知冲突原理以及自主建构原理等教学理论，促进学生将知识应用于现实情境，强化学生的代入感以及法律实操能力，引入课题讨论，通过情景模拟等手段，促使学生更深刻理解网络犯罪治理对国家治理体系变革的重要作用。例如，在讲电信网络诈骗犯罪时，会强调电信网络诈骗犯罪的另一面，即犯罪的扩散性、辐射性。

在网络深度社会化的背景下，传统犯罪网络化的时代已经到来。网络犯罪的数量、质量，以及危害性等都与过去不可同日而语。网络犯罪在整体犯罪中占据的比重越来越大。[1] 而当前网络犯罪的集团性、产业链特征非常明显。网络空间中存在大量的非法平台，为电信诈骗犯罪提供了各类支持和帮助。而电信诈骗分子对他们的分肥，反过来又刺激了这些行为的发展壮大。电信诈骗犯罪不是单纯的财产犯罪，它还侵蚀社会秩序和公共安全，挑战政府信用。网络犯罪直接冲击政府治理体系和治理能力，其危害后果具有辐射性。[2] 治理电信诈骗犯罪，不在一城一地之得失，也不是单纯的法律治理，考验的是政府治理能力的高低，因此应当在推进国家治理能力和治理体系的现代化的高度去思考具体的方略。②在教学内容上，以知识—能力—素养的整体构建为基点，以立法—司法—理论的多重嬗变为导向，以课前预习—课中讲解—课后拓展为时间导线展开课堂讲授，培养学生的自主学习能力与意识。[3] 思政内容贯穿于每一个教学环节，充分运用课堂讨论、翻转课程等形式，通过布置阅读任务、论文写作等方式，引导学生自主思考。学生在完成课堂教学的同时，还要完成网络课程的学习任务。③在教学设计上，按照主题引入—创设情境—探究新知—学以致用—学后拓展五个环节展开。主题引入环节，选择教学内容与习近平关于网络法治的重要思想的契合

---

〔1〕　李怀胜：《电信网络诈骗犯罪的治理难点与回应》，载《中国信息安全》2019年第9期。

〔2〕　李怀胜：《电信网络诈骗犯罪的治理难点与回应》，载《中国信息安全》2019年第9期。

〔3〕　段治健等：《地方本科院校实验课程教学改革研究》，载《大众科技》2016年第7期。

点，通过习近平的经典语录引出教学内容，在课程结束后，重新对习近平关于网络法治的重要思想与课程相关的环节进行系统回顾，从而形成知识闭环。启发式教学、案例式教学等教学方法融入教学进程中。

在思政环节的设计上，课程追求润物细无声的教学效果，课程思政环节与专业学习有机融合，同时注重挖掘《网络刑事法学》的政治性、思想性、艺术性和人文性，在学术价值、伦理操守、师德规范等方面，实现课程目的，充分实现刑法学课堂教学的初心和使命。[1] 在教学方法、教学内容、教学理念、教学场域、教学模式、教学考核等方面，实现课程思政的全域浸润。

（二）课程思政的支撑体系建设

为实现课程思政的充分实现，也为创新《网络刑事法学》的教学模式，《网络刑事法学》延长课程教学线，在以下三个方面作为课程思政的支撑体系。

一是推行多专家联合同步授课。推行全员育人全流程育人模式，进一步扩大"引进来走出去"，实现校外资源的优势互补，聘请相关领域名师走入课堂，实行部分课程的"联合同步授课"。例如，《网络刑事法学》加大与腾讯公司法务部、华为公司法务部、字节跳动公司法务部等互联网公司法务部门的合作力度，就优质课程开发、线上教学资源共享等深入合作，同时创造条件为学生实习、短期交流、研学等提供平台。

二是科研教学双向反哺。进一步夯实"课堂教学+课外讲座"联合培养模式的内涵和范围。借助课程，每学年面向研究生举办

---

〔1〕 李刚、张榆青：《基于思维型教学的国际私法学课程教学模式创新》，载《中国高等教育》2020 年第 8 期。

网络犯罪前沿论坛或者系列讲座，实现教学活动与学生科研活动的有机衔接，通过学术前沿讲座，弥补课堂教学在知识容量上的不足，同时激发学生对网络法学的兴趣爱好，激发学生探索新知的热情。同时与北京市某区人民检察院合作，建立电信网络诈骗犯罪研学团队，定期选派学生到人民检察院实习，融教学、科研、人才培养于一体。

三是强化慕课资源建设。《网络刑事法学》强化建立慕课资源，实现网络教学与网下教学的互动整合。教学团队目前针对互联网公司开发了若干网络视频课程，供互联网公司从业人员数据合规培训使用，同时将这些课程资源向课程学生开放共享，下一步计划将慕课资源体系化，并推广到多平台。

四是组织优质教材建设。教学团队组织编写全面反映习近平关于网络法治的重要思想的网络刑事法系列教材，包括《网络刑事法通论》《网络审判实务》《网络法案例研习》等教材。同时选拔优秀学生，组织编写《数据安全实务》《信息网络犯罪实务》等书籍，实现教学、科研与人才培养的多向互动。

四、课程思政的联合培养模式与反馈性评价

课堂教学当然是课程思政的主阵地，但是课程思政的资源并不在课堂上，而是在广阔的社会生活、广袤的中国大地上。为此，课程通过联合培养模式的引入，在更广泛的空间和地域内挖掘课程思政的闪光点，如图 2 所示。

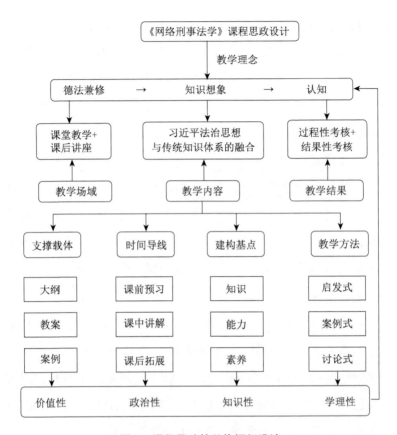

图 2 课程思政的总体框架设计

（一）联合培养模式的引入

第一，拉长教学延长线，"课堂教学+课后讲座"联合培养模式。具体而言，在正常的上课学时之外，根据课程需要，聘请校外知名专家、互联网公司从业人员、资深司法人员等对网络安全、网络犯罪现状等对学生进行讲座，突出课程的前沿性、实践性，课堂教学与课后讲座的次数按照 2：1 的比例配置，同时提供课程事先录制的在线视频课程，要求学生同步学习。与课堂教学侧重刑法规范形成有效互补。

第二，实现全员育人格局，"产学研一体化"培养模式。借助刑事司法学院与东城区人民检察院正在开展的研学团队，推荐学生到东城区检察院就电信网络诈骗犯罪进行专业实习，既是对课程学习成果的一个转化，也是实践知识的再次加深。同时推荐学生到互联网公司、中国信息通信研究院相关研究部门等，聚焦某个专题，进行一个月至两个月的专业实习，并完成一篇学术论文作为实习结果。

第三，锻炼创新性思维，"教学+科研"一体化培养模式。研究生教学与本科生教学的差别是授课内容讲究前沿性，授课方式讲究开放性，授课目的讲究启发性，因此在教学活动中将把研究生科研能力的培养融入教学活动中，教学与科研同步推进。引导学生在学术研究中，坚持学术底线、政治底线，树立正确的社会主义法治观、发展观。

（二）课程思政的反馈性评价

本课程采取过程性考核与结果性考核相结合的方式，在教学环节中，首先在第一次课就对学生进行分组，建立专业与思政学习小组，小组成员二人到三人不等，设组长一人，由授课教师向每个小组分配任务。授课采取三三制原则，即首先由该小组做报告，其次由其他同学进行质疑，小组成员进行解答，最后再由授课老师进行总结和点评，并对疏漏的知识点和重要知识点进行专门讲解。教师对每位同学的表现均记录在案，作为过程性考核的评分依据。结果性考核采取论文结课的方式，首先由教师与每一位同学进行单独交流，确定选题方向，随后学生进行论文撰写，在结课后一个月内完成，教师对论文进行粗评后，会就论文结构、学术规范等问题提出修改意见，学生进一步完善后定稿。这种考核模式的特点是，教师全程把控每一个教学环节，督促学生实际参与学习活动，同时将课程教学与对学生的学术指导有机结合。本门课程开设在研究生一年级的秋季学期，通过本门课的学习，学生不但要掌握课程涵盖的专业知识，同时也对学术研究的基本方法、学术规范等有了初步的认识。学生对思政内容的掌握程度，是过程性考核的重要内容。

经过三年的探索与实践，《网络刑事法学》课程思政改革成效主要有：①贯穿爱国教育，涵养家国情坏。在授课过程中，通过对网络安全形势的讲解，网络空间国际规则失衡现状的剖析，使学生深刻认识提升我国产业自主、自力更生的重要性以及人类命运共同体思想的深刻内涵，培养学生的家国情怀。2013 年，习近平在访问美国时指出，中国是黑客攻击的受害国。中国是网络安全的坚定维护者。中美双方在网络安全上有共同关切。双方已商定在中美战略安全对话框架内成立网络工作组，并将加紧研究这个问题。双方应该消除猜忌、进行合作，使网络安全成为中美合作新亮点。[1] 在 2015 年的第二届世界互联网大会上，习近平对国际互联网治理体系做了最全面系统的阐述。习近平提出了全球互联网治理体系的目标是"多边、民主、透明"，提出推进全球互联网治理体系变革的四个原则，即尊重网络主权、维护和平安全、促进开放合作、构建良好秩序。[2] ②融入感恩文化，育人润物无声。根据授课内容的实际需要，有时对思政内容大肆铺陈，有时对思政内容画龙点睛，将思政内容作为课程思想性的升华。通过课程的讲授，使学生建立社会主义核心价值观，建立正

---

〔1〕 《习近平同奥巴马总统共同会见记者》，载《人民日报》2013 年 6 月 9 日，第 1 版。
〔2〕 习近平：《在第二届世界互联网大会开幕式上的讲话》，载《人民日报》2015 年 12 月 17 日，第 2 版。

确的文化基因和价值范式。经过三个学年的讲授，学生们对《网络刑事法学》的兴趣明显提升，对习近平总书记关于网络法治的重要论述具有清晰、深刻的认识和了解，实现对学生增长见识、丰富学识、涵养品格的作用。

鉴定式案例分析法在中国法学教育中的实践路径

——以网络法学案例课程为例

◎张　婷*

摘　要：案例教学是法学教育过程中不可或缺的重要环节。随着现代教育理念的蓬勃发展，传统以教师为主导、聚焦单一知识点的案例教学模式已无法适应新时代全面推进法治中国建设、共建法律共同体的新挑战，案例教学模式改革势在必行。鉴定式案例分析法是德国法学教育中为培养统一的完全法律人而采用的案例教学方法，其较强的规范性、实用性和启发性可以有效打破法学教育与法律实务之间的壁垒，助力我国法学教学改革深入推进。本文以网络法学案例课程为例，详细阐述了鉴定式案例分析法在教学实施阶段的具体实现路径，以期激发学生的学习自主性、强化学生的法律思维能

---

* 张婷，中国政法大学网络法学研究院教师。

力，培养符合新时代发展要求的优质法律人才。

关键词：案例教学　鉴定式案例分析法　网络法学　法学教育

法学教育是一种以培养法律人才为目的而进行的系统化知识传授过程，其中案例教学是法学教学设计中不可或缺的重要环节。在现代教育理念发轫之初，传统案例教学法的运用在很大程度上顺应了现代社会对应用型法律人才的现实需求，并推动了法学教育与司法实践的有机结合。然而，随着现代法学教育改革的进一步深化，这种偏向于有限知识点的被动式讲授方法已无法继续消解法学理论与实务脱节的现实抵牾，新式案例教学法的引入势在必行。

一、鉴定式案例教学法之概述

鉴定式案例教学法是德国为培养专业法律人以完成统一的执法和司法任务而推行的法学教育方法，其具有较强的规范性、实用性、启发性等，有利于激活法教义学的体系化功能，契合新时期我国法学教育目标的重新定位。

（一）鉴定式案例分析法之内涵

所谓鉴定式案例分析法，是指对案件所涉法律问题进行全面分析与权衡，最后汇总为一个完整司法决定的思维过程。[1]具体而言，鉴定式案例分析法又分为宣称模式和论证模式两种，前者是指无须附带论据而直接宣布某一案例结论的操作方式，适用于明显不存在争议或案情简单明了的情形，后者则是包含提出假设

---

〔1〕　Vgl. Brian Valerius, *Einführung in den Gutachtenstil-15 Klausuren zum Bürgerlichen Recht*, Strafrecht und Öffentlichen Recht, 4. Aufl. 2017, S. 3 ff.

问题、定义法律概念、涵摄案件事实、确认假设结论在内的一种完整的思维过程。[1]

详言之，鉴定式案例分析法应当严格遵循"设问—定义—涵摄—结论"的步骤。"设问"在于提出所欲论证的问题；"定义"意在厘清设问中所涉概念；"涵摄"是将案件事实与定义概念进行比较，以判定案件事实是否符合定义中的构成要件；"结论"则是对设问做出肯定或者否定的回答。[2]在具体的案例分析过程中，可以根据问题内容将大前提拆解为单个要素，然后基于每个要素分别得出肯定或否定的结论，因而，涵摄会出现在多个步骤中，小前提也会被划分为多个部分。虽然鉴定式案例分析法在形式上都遵照以上逻辑框架，但其适用方法仍会基于实定法审查客体的不同而发生微观变化。民法鉴定式分析所依据的是请求权基础理论，刑法鉴定式分析围绕犯罪构成理论展开，而行政法鉴定式分析则分为违法性审查与请求权基础两种模式。

（二）鉴定式案例教学法之特点

鉴定式案例教学法以强化学生法律思维能力、培育法律职业者共同体为导向，使学生能够更加深刻地体悟和掌握所学知识，并通过法学方法论运用于实践之中。与传统的案例教学方式相比，鉴定式案例教学法具有以下显著特征：

1. 教学方法的规范性

鉴定式案例分析法所践行的分析步骤实则是司法三段论的具体应用。在解析案例时，学生需要从某一部门法出发，假设所有

---

[1] 参见蔡圣伟：《刑法案例解析方法论》，元照出版公司 2014 年版，第 18~19 页。

[2] 夏昊晗：《鉴定式案例研习：德国法学教育皇冠上的明珠》，载《人民法治》2018 年第 18 期，第 33 页。

可能情况，并逐一进行论证，最后得出结论。如果遇到无法直接按照三段论得出结论的情况，则需要依据公认的法学方法论对法律进行释义或者补缺。如果所讨论法律问题涉及理论争议时，则需要系统梳理关于该问题的所有学说，并给出选择及其理由。由此可见，鉴定式案例分析法之核心要求在于言必有据、逐层递进、逻辑连贯、论证清晰。

2. 教学过程的自主性

与传统案例教学法不同，鉴定式案例教学法采用启发式教学模式，由导促思，以全方位激发学生学习的自主性。鉴定式案例分析着重于严谨的论证过程，这就需要学生检索、阅读、梳理大量的文献以及司法裁判文书，需要查找相关的法律法规以及司法解释。在此过程中，由学生根据具体案情，自主创设多元问题，确定论证方向，然后自行梳理相关概念、总结学术观点并归纳司法争议。鉴定式案例教学摒弃"填鸭式"的被动型教学模式，通过培养学生的自主性问题意识，使其能够更加深刻地掌握理论知识、灵活运用法学方法论。

二、鉴定式案例教学法引入中国法学教育的重要性

2018 年 9 月 17 日，教育部、中央政法委员会联合发布了《关于坚持德法兼修实施卓越法治人才教育培养计划 2.0 的意见》，该意见明确提出：新时代法治中国建设需要深化高等法学教育教学改革，强化法学实践教育。[1]鉴定式案例分析法是继案例教学法、诊所教学法之后出现的新型教学模式，对于充实当前

---

〔1〕　参见《教育部、中央政法委关于坚持德法兼修实施卓越法治人才教育培养计划 2.0 的意见》（教高〔2018〕6 号）。

我国法学教育模式具有重要意义。

（一）本质呼唤：法学教育是法秩序统一思维与体系化释法能力的高度有机结合

法秩序统一思维源自德日刑法学中的法秩序统一性原理，意指由宪法、刑法、民法等多个法域构成的法秩序之间互不矛盾，保持释法的统一。[1]由于传统法学案例教学偏向于围绕某一部门法的法律处置展开，因而忽视了部门法之间的耦合性、互动性和实务案例的多维度思考。鉴定式案例教学法强调引导学生从实定法出发全面审视案例中涉及的法律关系，整个案例分析过程往往需要适用密切相关的诸多法条，关联到不同的部门法问题，势必要将各类相互交织的法律规范联系起来加以理解和适用，这样自然会使学生对各部门法规范的理解有序成网。通过持之以恒地加以训练，学生自会形成对理论知识的体系化理解，以解释适用法律为核心的法律思维能力自然也会得到大幅度提升。

（二）时代要求：助力法治中国建设与推进法律共同体形成是法学教育的新使命

2021 年 1 月，中共中央印发了《法治中国建设规划（2020—2025 年）》，该文件明确提出我们要坚定不移走中国特色社会主义法治道路，奋力建设良法善治的法治中国。随着建设法治中国新目标的确立，为全面推进依法治国，我们迫切需要培育与这一目标相适应的、涵盖职业立法者、职业执法者、职业司法者、职

---

〔1〕 参见［德］本德·吕特斯、阿斯特丽德·施塔德勒：《德国民法总论》（第18 版），于馨淼、张姝译，法律出版社 2017 年版，第 433 页；［日］京藤哲久：《法秩序の统一性と违法判断の相对性》，载内藤谦等编：《平野龍一先生古稀祝賀論文集（上卷）》，有斐閣 1990 年版，第 198 页。

业律师和职业法学教育工作者的具有中国特色的法律职业共同体。[1]鉴定式案例教学法具有特定的书写格式和分析框架，经过不断训练，可以使法科生形成相对固定的思维方式，从而保证日后从事不同法律职业者具有共同的知识背景和思维模式，为建立新时代的中国法律职业共同体奠定基础。

三、鉴定式案例分析法在网络法学案例教学中的实现路径

随着计算机技术的不断发展与普及，人类社会已经全面进入信息化时代。面对伴随网络与现实"双层社会"模式成型而层出不穷的网络信息安全、电商平台治理、网络侵权、人工智能等诸多新型法律问题，网络法学应运而生，适时引入鉴定式案例教学法是推进这一新兴学科建设与发展的应有之义。

（一）鉴定式案例教学基本原则

教学基本原则，是指根据教育、教学之目的，结合教学规律而制定的指导教学工作的基本要求，它是主观见诸客观、理论见诸实践的中介，在教学过程中处于十分重要的地位。[2]因此，为了充分发挥鉴定式案例教学的优势，有必要首先明确其目的需求。

1. 促进思维养成：以训练学生的释法能力为导向

法学教育之目的在于培养法科生的法律思维。所谓法律思维，从广义上讲，是指依照法律逻辑，遵循价值取向的思考、合

---

〔1〕　徐显明：《对构建具有中国特色的法律职业共同体的思考》，载《中国法律评论》2014年第3期，第4页。

〔2〕　参见王策三：《教学论稿》，人民教育出版社2005年版，第139~140页。

理的论证，进而解释适用法律；[1] 与本文而言，更强调裁判思维，即对某一具体案例作出法律分析的思维过程。[2] 要提高法律思维能力，其核心无疑在于解释适用法律能力之强化，而鉴定式案例教学之过程恰与此相契合。在运用鉴定式案例分析法解答案例时，教师应该引导学生筛选出案例所涉核心法律关系，并进而训练其以三段论的方式将事实涵摄于规范之中的论证能力。

2. 坚持学生主导：以充分调动学生的主观能动性

案例教学的目的在于启发学生自主思考，提高其将法学理论与实定法相结合的应用能力。在鉴定式案例教学中，自教师发布研习案例起，全程由学生自主完成核心法律关系锁定—相关法律规范及学说争议梳理—课堂讨论—鉴定式论证的全流程，而教师则以"旁观者"的身份总结学生们在运用鉴定式案例分析法的每个步骤时所遇到的疑难问题，在课堂讨论环节之后对学生们的案例分析报告作出评价，并对案例所涉疑难之处、适用法律以及各方理论观点进行系统化讲解。通过教师与学生的角色互换，充分调动学生的主观能动性，进而激发学生的求知热情和创新意识。

（二）鉴定式案例教学课程设计

秉承强化思辨力、激发自主性的教学基本原则，鉴定式案例教学课程由案例设计、方法论介绍、课堂讨论、案例报告写作和案例总结五个环节构成，从不同侧面全方位培养学生发现问题、解决问题的思维能力。

---

〔1〕 参见夏昊晗：《鉴定式案例研习：德国法学教育皇冠上的明珠》，载《人民法治》2018 年第 18 期，第 35 页。
〔2〕 参见刘宇：《基于法律思维的法理学知识体系重构》，载《求是学刊》2021 年第 2 期，第 91 页。

1. 案例设计

法律是一门实践科学，以事实热点为引导，通过专题性研讨方式，有助于推动法科生自觉践行法教义学方法：一方面，以现有法律规定为出发点，进行逻辑推理，深入思考填补法律规定的盲区或者漏洞，充分发挥法教义学的"生产性"；另一方面，通过司法论实践促进立法论反思，深入发掘法教义学的"引导性"，而与传统部门法学相比，网络法学所面对待决问题的实时性则更为明显。基于此，为保证网络法学教学案例的新颖性、典型性、多样性，教师应优先选取近期发生的热点案例，然后结合教学目标对案例进行修改、完善。

2. 鉴定式方法论引入

在首次授课时，教师应对鉴定式案例分析法的方法论背景以及框架特点进行系统讲解，并通过具体案例分步解析这种案例分析法的内在逻辑。在这个过程中，授课教师应选取典型性民事案例和刑事案例各一例，引导学生熟悉鉴定式案例分析法的操作方式和各类案例的报告结构。

3. 课堂讨论

课堂讨论是衔接核心法律关系筛选和案例报告写作的关键环节。在学生初步独立完成靶向关系确定、相关文献资料搜集之后，由授课教师组织学生对案例事实以及争议焦点展开充分讨论。通过课堂讨论的方式，不仅可以加深学生对案例事实本身的理解，还可以促成学生们彼此就疑难争议问题的相互启发，达到集思广益、见贤思齐的教学效果。

4. 案例总结

在批改完学生提交的案例分析报告之后，教师应该对学生在运用鉴定式案例分析法开展案例讨论时反映出的典型问题进行汇总，并在课堂上引导学生反思如下问题：这些问题所需要的知识点是什么？这些知识点所对应的法体系地位是什么？这些知识点用于解决哪些问题？通过这种体系化的知识点梳理，不仅可以启发学生自主思考其鉴定式案例分析报告的不足之处以及完善方案，还有利于培养学生的系统化思维，以更加全面的视角分析、解决问题。

（三）鉴定式案例分析法之应用

与既有法律部门相比，网络法学在规范层面明显呈现出调整对象多样性、调整客体特殊性和调整方法复合性等特征，故而在应用鉴定式案例分析法时，网络法案例的"靶向关系"筛选也更为多源化。[1]

1. 基本案情：网络爬虫案

被告单位厦门房麦网络科技有限公司成立于 2015 年 6 月，法定代表人为林镇平，公司成立后研发出"推房神器"等 APP。自 2018 年起，为获取房源信息，该公司开始使用自行编写的网络爬虫爬取北京某信息技术有限公司所经营之房产网站上的数据。在该公司增强反爬取策略之后，2019 年 10 月至 2020 年 7 月间，被告房麦公司又通过破解验证码、绕开挑战登录、购买打码软件等方式破解该公司的反爬取机制，大量获取其网站的房源数据，并采用逆向破解的手段获取该公司在 APP 端隐藏的真实用户电话号码，然后将爬取数据存储在其服务器中供"推房神器"APP 调用，并向该 APP 用户收取会员费盈利。在爬取数据期间，被告房

---

〔1〕　参见来小鹏：《论作为独立法律部门的网络法》，载《法学杂志》2019 年第 11 期，第 69~70 页。

麦公司为保证其"推房神器"APP能够实现数据同步更新，对该北京某信息技术有限公司网站的数据接口进行了24小时不间断、高频率、大流量的访问，致使该公司网络登录服务器被限流，期间所有需要通过验证码登录的用户均无法正常登录，时间长达数十分钟。经鉴定，自2019年10月至案发，被告房麦公司的上述数据爬取行为给该某公司造成直接经济损失共计人民币10万余元。[1]

2. 案例分析

上述案例中存在两个"靶向关系"：一是本案中被告厦门房麦网络科技有限公司的行为是否构成不正当竞争（民事侵权行为）？二是对于被告使用网络爬虫的行为能否以非法获取计算机信息系统数据罪进行刑事打击？

（1）《中华人民共和国反不正当竞争法》视角：第12条关于互联网专条的适用。被告厦门房麦网络科技有限公司的数据爬取行为可能根据《反不正当竞争法》第12条第2款第四项之规定构成不正当竞争。

就行为主体而言，根据《中华人民共和国反不正当竞争法》第2条第3款结合《民法典》第57条，经营者是指从事商品生产、经营或者提供服务的自然人、法人和非法人组织，其中法人是具有民事权利能力和民事行为能力，依法独立享有民事权利和承担民事义务的组织，具体分为营利法人、非营利法人和特别法人。本案中，被告厦门房麦网络科技有限公司是以盈利为目的而利用网络从事房源信息服务的法人，故符合构成不正当竞争关系

---

〔1〕　参见林镇平等非法获取计算机信息系统数据案，北京市朝阳区人民法院（2020）（京0105刑初2594号刑事判决书）。

的主体要件。

就不正当竞争行为及侵害事实而言，第一，竞争关系通常是以商品或者服务的功能和效用加以界分，不正当竞争关系限于同类或替代商品或服务之间。[1]从业务范围来看，本案中的两家公司都是为用户提供房源信息查询服务，受众群体相同，属于明显的同业竞争者。第二，根据《中华人民共和国反不正当竞争法》第 12 条第 2 款第 4 项之规定，经营者不得利用技术手段，通过影响用户选择或者其他方式，实施妨碍、破坏其他经营者合法提供的网络产品或者服务正常运行的行为。在本案中，被告通过利用爬虫等技术手段破坏或绕开北京某信息技术有限公司访问权限，不间断、高频率地抓取其网站上包括非公开数据的用户电话号码在内的平台数据，致使该公司网络登录服务器被限流、网站用户无法正常登录，客观上实施了不正当竞争行为。第三，北京某信息技术有限公司所经营网站上展示的数据是由其收集、处理所得，具有一定的商业价值，该公司自然享有所有权。被告厦门房麦网络科技有限公司大量爬取其数据的行为，严重侵犯了其合法利益。该公司所遭受的直接经济损失与被告的爬取行为之间存在因果关系。

就主观过错而言，被告作为互联网行业的经营者，对于网站的经营方式和营利模式应当具有明知，却仍然对该北京某信息技术有限公司的网站数据接口进行 24 小时不间断、高频率、大流量的访问并爬取数据，致使该公司网络登录服务器无法正常运行，明显存在主观过错。

---

〔1〕 参见刘大洪主编：《反不正当竞争法》，中国政法大学出版社 2005 年版，第 3~4 页。

综上所述，被告厦门房麦网络科技有限公司的数据爬取行为构成不正当竞争。

（2）《中华人民共和国刑法》视角：非法获取计算机信息系统数据罪的适用。通过爬取数据行为，被告厦门房麦网络科技有限公司可能根据《中华人民共和国刑法》第285条第2款、第4款的情况，因非法获取计算机信息系统数据罪受到刑事处罚。

就客观构成要件而言，本罪的行为主体既可以是自然人也可以是单位。首先，从本案案情来看，被告厦门房麦网络科技有限公司具备单位行为主体的一般要素。[1] 其次，本罪的行为方式为侵入相关计算机信息系统或者采取其他技术手段，获取该计算机信息系统中存储、处理或者传输的数据。在本案中，被告公司未经授权，使用网络爬虫这种信息收集、整理工具，通过加装打码插件，突破北京某信息技术有限公司对其房产网站用户访问频率的限制，对该目标网站进行大流量数据爬取，因此，其数据爬取行为符合非法获取计算机信息系统数据罪对行为方式的要求。再次，从行为情节来看，结合《最高人民法院、最高人民检察院关于办理危害计算机信息系统安全刑事案件应用法律若干问题的解释》第1条第1款以及第11条第3款之规定，在本案中，被告公司每月访问多达数百亿次，长时间、不间断、大流量地非法爬取行为，不仅实际造成服务器网络专线费用的上升，而且也迫使被爬取公司加大反爬人力费用支出，以上均可以认定为该《解释》中规定的"经济损失"。因此，案例事实也符合非法获取计算机信息系统数据罪对"情节严重"的要求。最后，从因果关系

---

〔1〕　参见张明楷：《刑法学（上）》（第五版），法律出版社2017年版，第138~139页。

与结果归属来看，如果不消除结果就不能想象行为不存在的话，行为与结果具有因果关系；如果该行为创设的法不容许的风险现实实现时，该结果就可以客观归属。在本案中，正是被告公司超出网络爬虫技术正常使用范围之外的数据爬取行为导致了北京某信息技术有限公司的直接经济损失，故而在因果关系和结果归属上不存在疑问。综上所述，被告的行为符合非法获取计算机信息系统数据罪的客观构成要件。

就主观构成要件而言，被告必须具有非法获取他人数据的故意，即明知自己的行为会扰乱他人网络的正常功能、危害他人网络数据的安全，并且希望或放任这种结果发生。在本案中，被告公司在触发被爬取公司的反爬机制后又利用公司服务器部署打码软件对验证码挑战进行破解运算，继续实施大流量的数据爬取行为，明显属于积极的希望故意。

综上所述，被告厦门房麦网络科技有限公司的数据爬取行为成立非法获取计算机信息系统数据罪。

（3）最终结论。通过上述分析可知，对于本案被告厦门房麦网络科技有限公司的非法数据爬取行为，既可以作为反不正当竞争的法律风险进行分析，也可以适用非法获取计算机信息系统数据罪加以规制，而具体到司法实践中，则需要综合考量权利人、网络服务提供者和社会公众各方利益，在法秩序统一性原理指导下，审慎确定数据爬取行为的法律边界和治理手段，以保持技术创新与法律他治二者之间的动态平衡。

中国政法大学法学实验班教学

Teaching of Law Experiment Class of CUPL

法学实验班培养模式的发展趋势与未来展望*

◎白　冰**

摘　要： 中国政法大学自 2008 年开始设立"六年制法学人才培养模式改革实验班"并招生，自 2011 年开始由中国政法大学法学院承办。在这十余年间，法学实验班的培养模式积累了不少经验，取得了诸多可圈可点的成绩，也存在一些待完善的空间。回顾与总结法学实验班的十余年办学经验和相关问题，总结实验班培养模式的发展趋势，有助于进一步明确未来的改进方向和发展路径。立足实验班培养模式改革的经验和法学教育发展的普遍规律，实验班培养模式应以凝练特色、引领潮流、形成品牌作为发展趋势。在未来，应当进一步推

＊　国家社科基金重点项目"大数据侦查的程序控制与证据适用研究"（项目编号：19AZD024）。
＊＊　白冰，法学博士，中国政法大学法学院讲师、硕士生导师。

进课程设计的科学化，夯实基础类课程、拓展应用类课程。在培养机制上，应当明确专业方向，顺畅管理体制，从而实现培养机制的体系化。

关键词：法学实验班 培养模式 发展趋势 未来展望

一、问题的提出

中国政法大学法学院承办六年制法学实验班已有十余年，在此过程中，法学院不断总结实验班培养模式的经验，以"全方位、高素质、应用型"的人才培养方略，探索法学人才培养的特色模式。[1] 十余年来，法学实验班培养模式下的毕业生在法考通过率、就业质量等方面获得了显著的成绩，实验班培养模式受到了更大范围的社会关注和认可。当然，由于诸多方面的原因，实验班培养模式作为一种对法学教育多元化的探索，尚存在很多可资完善的方面。同时，随着大数据、人工智能等新兴技术对社会的广泛影响，法学教育如何应对新的社会发展成为重要课题。实验班培养模式可以作为法学教育引入交叉知识、贯通交叉学科、引领前沿探索的试验田和前沿阵地。

有鉴于此，有必要对法学实验班培养模式的发展趋势进行描绘，并在此基础上，对实验班培养模式的未来进行可预期的展望。在本文看来，法学实验班培养模式的发展趋势，离不开对以下问题的回应：经历了十余年的探索，法学实验班培养模式究竟形成了何种特色？这种特色如何区别于中国政法大学普通法学本科的培养模式，又如何区别于全国其他法学院校的培养模式？作

---

[1] 参见黄进：《卓越法律人才培养的目标、观念、模式与机制》，载《法学教育研究》2012 年第 1 期，第 3 页。

为一项教育部批准的改革项目，法学实验班培养模式究竟在何种意义上可以起到示范作用，从而对法学教育的发展起到引领作用？历经十余年的发展，目前是否已经形成了中国政法大学法学实验班的独特品牌？本文将在回顾法学实验班培养模式的发展历程基础上，尝试对上述问题做出初步回应，并提出在未来，实验班培养模式应当完善的主要方面。

二、实验班培养模式的发展趋势

何美欢教授曾经精到地指出，其"多年来观察到的中国法学生，大多数呈现一个奇怪的知识结构：一方面对'前沿的'、深奥的东西如数家珍，滔滔雄辩；另一方面对基本知识却只有单薄的、贫乏的认识"。[1] 对此，葛云松教授也有类似的体会：（学生）拿到一个具体案件哪怕一个非常简单的案件时常常手足无措，最常见的就是将自己仍然基于普通人的公平感而获得的粗浅结论，包装在似乎"从天而降"的法律概念而非现实的法律制度之中，却没有掌握分析案例的结构、思路。……除此之外，他们总体来说缺乏对社会、经济、政治的深入理解，更不能把这些角度的思考通过适当的切入点运用到解决法律问题的过程中。[2] 显然，传统上法学教育的缺陷已经十分明显，其中最核心的就是法科学生缺乏实际运用知识的能力，即缺少最基本的法律检索、法律解释、法律论证的能力。

中国政法大学法学院承办的六年制法学实验班即是针对这种缺陷的一种探索，实验班培养模式运行之初即确立了"应用型"

---

〔1〕　何美欢：《理想的专业法学教育》，载《清华法学》2006 年第 3 期，第 134页。

〔2〕　葛云松：《法学教育的理想》，载《中外法学》2014 年第 2 期，第 286 页。

作为培养目标之一，同时在此方面付出了众多努力。例如，实验班培养模式要求学生有更长时间的专业实习时间，并为此专门设置了专业实习导师；再如，将案例课程作为学生的必修课程，提升学生剖析案例、解释法律的能力。

经过多年的发展，法学实验班培养模式已经取得了令人瞩目的成绩。当然，培养模式并没有也不可能完全解决传统法学教育的诸多缺陷。从发展趋势上而言，法学实验班培养模式在未来应当继续凝练特色、引领潮流进而形成品牌，进一步完善培养模式，为法治中国建设培养更多更优秀的法学毕业生。

（一）凝练特色

在中国政法大学，法学实验班的培养模式是与普通法学专业的培养模式作为对照的。换言之，在法学实验班探索之前，每年进入中国政法大学的一千余名法学专业本科生施行的是统一的法学专业培养方案。而在法学实验班开始探索之后，部分法学专业的学生进入实验班培养模式中，而其他法学专业的本科生则继续遵循原有的培养路径。从招生的实践来看，法学实验班的高考录取分数线较普通法学专业较高，法学实验班基本汇集了每年中国政法大学录取的几乎所有高分段的考生，生源质量是较有保障的。那么，他们在经过实验班培养模式的培养后，获益如何？感受如何？这是未来培养模式完善的重要信息获取渠道。

在笔者跟多位法学实验班的同学的接触或访谈中，有不止一位同学反馈，不明白实验班的特色所在，一些同学虽然能够说出培养方案的一些特别之处（例如案例课作为必修课、部分课程置入等），但明确指出，感受不到培养模式在塑造法科学生能力方面上的特殊之处，也体会不到特殊的获益。还有同学尖锐地指出，不知实验班"实验"在哪里。这种"客户体验"虽然不见得全面客观，但也反映了目前实验班培养模式存在的一些待完善之处。而对于一种较新的培养模式而言，如何将其与传统模式形成区别，从而形成自身的特色，是其得以立足并发展的出发点。因此，在趋势上，法学实验班培养模式的第一大任务就是凝练特色。

如前所述，法学实验班的培养与普通法学本科的培养主要存在如下差别：①六年本科硕士融贯的培养模式；②开设多门案例研习课程作为专业必修课；③更高的实习要求；④较早将法律职业伦理课程作为必修课程。[1] 然而，由于多方面原因，上述差别整体上并未支撑起实验班培养模式的"特色"。[2] 以下分别述之：

第一，六年本科硕士融贯的培养模式未能实现"融贯"的目标。六年本硕连读是法学实验班培养模式吸引众多考生及家长的极大优势。尤其是在近些年就业市场对学历要求越来越高、考研人数大幅增长的背景下，这一优势更加凸显。然而，从学校培养的目标而言，显然不是仅希望以本硕连读的模式吸引优质生源，而是希望发挥贯通培养的优势，将好生源转化为真正优秀的毕业生。但在实践中，真正实现融贯并不容易。以实验班学生的硕士专业方向而言，大多数学生虽然在第五学年才正式进入研究生阶段，但学生一般在第四学年确定可以推免研究生后就已确定了专业方向并联系了硕士阶段的导师。笔者了解到，甚至有学生在更

---

〔1〕　张滢：《中国政法大学法学院"六年制法学人才培养模式实验班"10 年探索，打造卓越法律人才 2.0 版》，载《中国教育报》2021 年 2 月 22 日，第 3 版。

〔2〕　代表性的研究，参见程滔：《六年制法学实验班课程改革——兼与大陆、台湾一流法学院课程设置相比较》，载《中国法学教育研究》2020 年第 1 期，第 155 页。

早时期就着手确定方向和联系导师。然而，由于在第四学年学生面临专业实习，部分学生离校进行实习，实际上未能就该方面进行进一步的学习和深造。根据 2017 级培养方案，研究生学习阶段专业必修课为"法学方法与论文写作""宪法专题研讨""民商法专题研讨""刑事法专题研讨""行政法专题研讨"和"国际法专题研讨"六门专题研讨课。举例而言，一个选择刑法方向作为未来研究生方向的学生，在第四学年确定了自己的方向和导师，但在研究生阶段跟刑法方向有关的课程仅有"刑事法专题研讨"一门课程，显然这样的课程量不足以使得该学生完善自己的知识体系，夯实自己的专业功底。这也是笔者了解到，部分老师对实验班学生的硕士学位论文难以满意的一大原因。在目前的培养框架下，某一方向的学生想要在专业方向充实自己，只能依赖于自我驱动或有责任心的导师提前敦促。例如有部分导师和实验班学生形成双向选择意向后，即要求学生旁听部分课程、参加自己组织的读书会、撰写习作等。但这毕竟不是培养模式以内的要求，也是非制度化和随机性的。

第二，案例研习课作为专业必修课是值得肯定的，[1] 但由于多种原因，实践中存在诸多问题。实验班培养模式施行之初，其亮点之一即是小班授课，这得益于当时实验班的招生规模为每届 50 人。而随着 2011 级开始实验班学生人数扩充为 200 人，由于学校的师资有限和管理机制的不畅，课程基本转变为大班授课。而案例研习课采用大班授课的效果是很难得到保障的。正如葛云松教授所言："在讲授式的课程中，不论教科书写得多深、

---

〔1〕 案例教学在法学教育中的重要地位，早在二十年前，即有论者作出专门论述，参见王晨光：《法学教育的宗旨——兼论案例教学模式和实践性法律教学模式在法学教育中的地位、作用和关系》，载《法制与社会发展》2002 年第 6 期，第 33 页。

老师讲得多好，都不可能让学生真正深入地理解知识，更不能训练技能。甚至，在讲授课上采用案例教学的意义也是很有限的。简单方式的案例教学只是在特定的法律问题之下举一个相应的案例作为例证，其固然有助于加深理解，但是不能帮助学生体系性地掌握知识和综合运用。例证式案例教学的复杂一点的形式是教师对一个复杂案例进行全面讲解，甚至可以发起课堂讨论，这样做的效果当然好得多。但是，"看"和"做"仍有巨大的鸿沟，天天看世界杯成就不了足球明星。只有让学生亲自去做、亲自去犯错，然后通过讨论和老师的引导，自己发现自己的错误亲手去不断地修正错误，最后才能掌握知识和技能"。[1] 据笔者了解，目前的一些案例研习课程虽然被冠以"案例研习"之名，但实质上却没有"案例研习"之实，仍然是一种教师主导的讲授模式，而学生尽管也经常听得兴趣盎然，但其实并未"研"也未"习"，从而导致案例课的目标难以实现。

第三，更高的实习要求并未实现理想的实习目标。专业实习一直是实验班培养方案的重头戏。原实验班培养方案中专业实习的时间为 40 周，第九学期、第十学期，2012 级实验班培养方案将实习时间调整为第八学期、第九学期，但实习总时间未变，占据整个培养过程 1/6 的时间。从 2017 级实验班培养方案开始将专业实习时间改为 12 周，安排在第四学年秋季学期的 10 月至 12 月，后来在实践中与学生备考法律职业资格考试时间冲突。2021 级实验班培养方案又将专业实习时间调整为 20 周，安排在第四学年秋季学期的 11 月中旬至第五学年春季学期的 4 月中旬。尽管进行了多次调整，但实习时间要求较长始终是实验班培养的一大

---

〔1〕　葛云松：《法学教育的理想》，载《中外法学》2014 年第 2 期，第 313 页。

特点。但从笔者在工作中接触的学生实习报告和总结等材料来看，目前的实习模式使得学生获益较少，学院也对学生的实习过程处于失控状态。部分学生返乡实习后，甚至协调到当地熟悉的单位"空挂"实习，根本未能实现实习的目的。[1]

第四，目前法律职业伦理课程已经成为所有法学专业本科生的必修课程，所以这点优势不再存在，对此不再赘述。

有鉴于此，未来法学实验班培养模式能在更大范围内获得认可，能培养更优秀的法学毕业生，当务之急就在于凝练特色。唯有凝练出自身的特色并将其充分落实，才能真正成为法学教育改革的引领者。

（二）引领潮流

在当下，法学教育正面临着多重考验。在笔者看来，这种考验一方面来自基础，另一方面来自前沿。就前者而言，传统的"填鸭式"教学带来的是学生基础知识薄弱。这一点前面已经论及。由此，很多学校开始展开多种改革，"全国各法学院校在践行和推动法学教育改革的进程中取得了喜人的成绩。特别是通过课程改革，引入案例研习、实务实习、法律写作等课程，减少单纯讲授和知识灌输型课程，一定程度上改变了课程同质化程度过高的问题，在增强法律思维和法律技能的训练方面初见成效"。[2] 就后者而言，随着大数据、人工智能、区块链等新兴技术的高速发展，衍生出众多的法律问题，也势必对法学人才培养提出了很多崭新的命题，这亟待法学教育予以回应。"这些新兴

〔1〕 参见高晋康、杨春禧：《法学专业实习之反思与借鉴》，载《西南政法大学学报》2002 年第 2 期，第 107 页。

〔2〕 《首届全国法学教育高端论坛会议共识》，载北京大学法学院官网：https://www.law.pku.edu.cn/xwzx/xwdt/15600.htm，最后访问日期：2021 年 9 月 10 日。

科技手段不仅影响着新时代中国特色社会主义法治建设，也必将深刻改变因应新时代法治实践需求的中国法学教育"。[1]因此，作为中国法学教育的重镇，中国政法大学有责任也有条件对上述挑战作出回应。当然，学校也已经采取了一系列举措消解传统法学教育的弊病，回应新时代法治建设的需求。

而法学实验班培养模式又可作为学校引领法学教育潮流的一大阵地，并且具备以下几个方面的便利条件：

其一，法学实验班设立之初，就已经设立众多案例课程，并以此作为一大特色。法学实验班培养模式初创以来，虽然培养方案经过多次的调整，但始终以多门案例课程作为必修课程。在笔者跟多名法学实验班同学的访谈中，多位同学提到，案例课程是给其留下了深刻的印象，是使其获益最多的课程之一。因此，在全国众多法学院校大力推进案例课程建设的当下，以法学实验班培养为平台，进一步优化和完善案例课程，是法学教育课程改革的重要举措。

其二，作为法学实验班的承办单位，中国政法大学法学院具备进一步完善案例、写作等课程的条件，也具备开设大数据、人工智能等新兴领域法学相关课程的能力。一方面，法学院的师资力量雄厚，同时近些年有多位在案例研习方面有系统方法论的青年教师加入学院，这既为一些案例课程的开设和完善提供的师资基础，也为通过教学研讨、教学沙龙等方式传播授课经验，充实开课力量提供了便利。另一方面，法学院在国内较早地设立了大数据和人工智能法律研究中心，并举办了多场活动、产出了大量

---

〔1〕　雷磊：《数据法学的学科定位与培养模式》，载《中国社会科学报》2020年10月27日，第8版。

成果。

其三，从生源情况来看，法学实验班是展开新兴领域法学教育、培育交叉学科法学后备力量的最佳土壤。目前，法学实验班的高考录取分数在中国政法大学高考招生中是最高的。每年录取的 200 名实验班新生同学中，有大量在高中阶段有良好的理工科基础，甚至有部分同学参加过各类理工科竞赛并获得奖项。这部分同学由于投身到法学专业的学习中，而几乎不再与理工科相关知识接触。这一定程度上构成了资源、兴趣的浪费。而如果能通过部分课程合理引导这部分同学的兴趣，可能将为新兴技术领域法学的发展埋下种子。

综上，法学实验班培养模式从初创即是学校学院对法学教育新模式的探索，而随着时代的发展和技术的更迭，当有越来越多的机遇和挑战摆在法学教育面前时，法学实验班培养模式当仁不让地应当立于因应变革、引领潮流的位置上。

（三）形成品牌

从"法学实验班"的名称来看，无非包含了"法学"和"实验班"两大关键词。就法学而言，我国目前已有近七百所院校开展法学教育，法学教育的同质化严重，而特色性匮乏；就实验班而言，全国很多院校展开了各类学科的培养方式改革，并冠以了各类"实验班"的头衔。[1] 例如，清华大学有大名鼎鼎的"姚班"，即清华学堂计算机科学实验班，其"由世界著名计算机科学家姚期智院士于 2005 年创办，致力于培养与美国麻省理工学院、普林斯顿大学等世界一流高校本科生具有同等、甚至更高

---

〔1〕 参见李雄鹰：《我国重点大学创新人才培养实验班的实践与反思》，载《研究生教育研究》2012 年第 3 期，第 15 页。

竞争力的领跑国际拔尖创新计算机科学人才"。[1] 2017 年，北京大学信息科学技术学院创办了"图灵班"，致力于为中国培养计算机科学界下一代领军人物的国际化人才。[2] 此外，各类理科实验班、工科试验班、经济管理类实验班分布在众多高校，让人眼花缭乱。同时，一些政法院校也展开了法学实验班的模式探索。

由此，在"法学"和"实验班"都不可能再"物以稀为贵"的局面下，如何确立中国政法大学法学实验班的特殊性？这无疑是法学实验班培养模式完善的必经步骤。笔者认为，唯有形成中国政法大学法学实验班的品牌效应，才能使得法学实验班的培养模式获得更大范围的认可，使得法学实验班培养模式下培养的学生获得更大获益。当然，这建立在上述所论述的凝聚特色、引领潮流的基础上，除此以外，还需要注意以下几个方面：

其一，更新招生宣传模式，吸引更大范围的优质生源进入法学实验班的培养模式中。优质生源是培养模式良性运转的基础。从当下的高考招生来看，各大高校吸引优质生源的方式越来越多元，时间段也越来越早。例如，不少高校广泛运用新媒体宣传等手段介绍学校和专业的情况，再如一些高校与高中广泛合作，开展各类专题活动，引导学生的兴趣。例如，据报道，2018 年北京理工大学 30 余名师生走进衡水中学互动交流，为学生们备战高考、未来择校提前准备。活动中，通过大学生科技作品动态展

---

〔1〕　《姚班概况》，载清华大学交叉信息研究院官网：https：//iiis．tsinghua．edu．cn/yaoclass/，最后访问日期：2022 年 5 月 17 日。

〔2〕　白杨：《北京大学第三届图灵班（2018 级）开班仪式举行》，载北京大学新闻网：http：//news．pku．edu．cn/xwzh/b631ccc3ee484bdfa69171b1d8c5ab82．htm，最后访问日期：2022 年 5 月 17 日。

示，"更加直观地展现了北京理工大学在大学生科技创新、综合素质培养方面的突出成就"。[1] 在笔者跟一些有意向报考中国政法大学法学实验班的高中学生及家长的了解中，很多家长不了解我校法学实验班项目的具体特色和培养成绩，这直接影响了一些考生的报考意愿。因此，从招生模式上可考虑从以下几个方面进行推进：一方面，全面梳理法学实验班在过去十多年的培养过程中的亮点和成就，包括学生在校表现、参加各类考试和竞争性比赛的成绩、就业去向、代表性校友情况等，以此作为法学实验班招生宣传的重要依据。另一方面，通过在一些优质生源集中的学校展开各类宣传活动，包括邀请学校知名教授、优秀青年教师、优秀实验班在校生参与到招生宣传活动中，更大范围地扩展法学实验班培养模式吸引优质生源的能力。

其二，拓宽就业渠道，吸引更多优质用人单位认可实验班培养模式。在与一些法学实验班同学的访谈中，笔者了解到，一些用人单位不了解学校的法学实验班培养模式，进而影响了其用人意愿。例如一些单位以法律硕士专业功底弱于法学硕士为由进行区别对待，还有一些单位由于不了解法学实验班的模式而缺乏认可。因此，在未来有必要展开多种类型的活动，向更多优质用人单位介绍法学实验班模式，为实验班学生的就业去向拓宽渠道。这些方式包括而不限于：与一些单位共同开设和建设课程，以课程为窗口展现实验班同学的风采，获得用人单位的肯定；就法学人才培养与一些用人单位形成常态化沟通机制，了解一些单位的用人取向和意向类型；对法学实验班培养的成绩，包括在校生和

---

[1] 张梅胜：《北京理工大学 30 余名师生代表走进衡水中学 携手培养高素质创新人才》，载搜狐网：https://www.sohu.com/a/231602876_119586，最后访问日期：2022 年 5 月 18 日。

毕业校友取得的成绩展开更多宣传，使得用人单位了解法学实验班培养模式的优势和特色等。

其三，借助各种渠道，以传统媒介和新媒体为平台，为社会了解法学实验班提供更多窗口。近些年来，我们步入了新媒体时代，每天面对着海量的信息。新媒体的传播速度之快，辐射面之广都是前所未有的。因此，法学实验班培养模式也要因应时代之变，做出相应的调整。笔者认为，不妨开拓各类方式，以传统媒介和新媒体相结合，向更大范围的公众推介法学实验班培养的模式、成绩与特色。例如在建设特色课程的过程中，以公开课或直播课的方式吸引更多公众关注；再如在一些媒体上推出相应的专题报道等。值得关注的是，近年来一些媒体发表的有关法学实验班培养模式的相关报道，已取得了广泛关注，达到了较好的效果。[1]

三、法学实验班培养模式的未来展望

在上文中，已经对法学实验班培养模式的发展趋势进行了大致描绘，笔者认为，凝聚特色、引领潮流、形成品牌的法学实验班将不仅在中国政法大学的法学教育改革中更具前沿位置，而且将对中国法学教育的革新起到重要的引导作用。

当然，想要实现上述宏大的目标，必须付诸脚踏实地的努力。就目前而言，虽然过去十余年法学实验班培养模式已经取得了令人瞩目的成绩，但尚存一些与培养目标不一致、与社会需求不对应、与管理机制不顺畅之处。因此，必须对课程设计、培养

---

〔1〕　孙竞：《中国政法大学：六年制法学实验班的探索之路》，载人民网：http://edu.people.com.cn/n1/2020/0731/c367001 - 31805850.html，最后访问日期：2022 年 5 月 18 日。

机制等方面进行调整，以期法学实验班培养模式发挥更大作用。

（一）课程设计的科学化

课程设计是培养模式的核心。在法学实验班培养模式的探索过程中，课程设计进行了多次调整。较为重要的调整包括：第一，从置入走向自选。2017 级之前，实验班专业必修课程基本都是置入模式，无须学生自主选课，一定程度上了导致了学生对授课教师评教不一，也影响了学生选课的自主性。从 2017 级开始，除实验班独有的专业必修课外，其他课程恢复成学生可以自主选课的模式。由于很多方面的原因，置入模式在实践中效果不理想，目前已经走向了自选模式。第二，优化专业必修课程。从最初的实验班培养方案上看，共有 15 门案例研习课，2012 级培养方案删减《国际法案例研习》《国际私法案例研习》《国际经济法案例研习》三门理论性较强、难度较高的案例课程，将这三门课程编入专业选修课程组；增加《法律职业行为规则与法律职业伦理》作为必修课。笔者认为，接下来应当进一步对课程设计进行科学化的完善，包括而不限于以下几个方面：

1. 基础类课程的夯实

从目前的培养模式来看，在本科阶段，实验班的课程安排与普通法学本科的课程安排区别不大。这也是很多实验班学生在交流中谈及的不太了解实验班的特殊之处的一大原因。而基础类课程的相对薄弱，是很多人对中国法学教育诟病的重要方面。

在未来，基础类课程的夯实可以考虑从以下方面入手：

第一，增加法理学、宪法、民法、刑法、民事诉讼法、刑事诉讼法、行政法等基础课程的学分学时。从法学的学习来看，上述课程的理论基础最为深厚，学科内容最为丰富，也是未来学生在法律职业生活中应用最为广泛的几门。而从教学实践来看，这些课程的教学课时最为紧张，这种学分或课时的限制，严重制约了相关课程学生知识体系化的形成，而在这些课程没有打好基础的前提下，其他课程恐怕也很难有好的效果。回归到法学实验班改革的教学实践上，可以不改变目前的自由选课的前提下，对教师认领课程上进行课时上的区分，教师选择不同课时的课程后，学生再进行自由选课。以民法学总论为例，可以有两类课程，一类为目前的 3 学分，一类为 4 或者 5 学分；承担民法学教学的教师根据自身的意愿自选其愿意承担的课程。而法学实验班的同学则需要在选择了更多学分制的老师中自由选课。

第二，增加一些通识类课程作为必修课题。目前通识教育的匮乏已经成为人们对高等教育批评的一个共识。从法学教育来说，也是如此。学生普遍缺少哲学、经济学、政治学、心理学、社会学等学科的一般知识，而这种局限将导致在学生在以下方面存在较大缺失：①看问题只以法学为唯一视角，而缺少从其他学科看待问题的视角和能力；②理解法律制度时，只知其然，不知其所以然，看似熟知（或熟背）了某法律规则，却对规则背后的政治学、经济学、社会学因素全然不知甚至毫不关心；③不了解其他学科的研究方法，导致其在未来可能的深造中受到局限。有鉴于此，一些有识之士已经提出应在法学教育中开设更多的通识课程。从目前法学实验班的课程安排来看，培养方案要求其应在经济学、社会心理学、社会学概论、伦理学、政治学概论、哲学概论、公文写作与处理等 7 门课程中选择 7 个学分选修。笔者认为，其中的经济学、社会心理学、社会学概论、伦理学、政治学概论、哲学概论等课程均可作为必修课程来开设，同时未来还可视情况扩大通识课程的范围。

2. 应用类课程的拓展

在进一步夯实基础类课程的前提下，应该进一步拓展应用类课程，并妥善安排此类课程的开设，真正发挥其效果。以下就此类课程的完善，提出一些初步设想。

第一，调整案例课程的开课方式。葛云松教授曾对案例课的效果有精辟而全民的描绘：①对案例的分析必须以法律为依据，因此学生必须去找法；②在法律的解释和适用过程中，学生可以将融贯在法条背后的法治原则、司法职责内化为自己的思维习惯；③学生可以掌握解释和适用法律的基本方法；④学生可以养成对法律背后的社会问题和政策问题的敏锐洞察力，并了解如何将其应用于法律解释；⑤学生可以养成检索、阅读、归纳、评价法律资料的能力；⑥学生可以养成独立思考的习惯以及与不同观点进行交流的能力；⑦学生可以锻炼书面和口头表达能力。正因如此，目前很多法学院校均将加强案例课程建设作为教学改革的重要组成部分。法学实验班培养模式也是如此。自创始之初，就以案例课程为特色。但目前的情况是，很多案例课程有案例课之名，却无案例课之实。这也是过去很多学生反映，同样的课程，必修课和案例课重复度较高，学生获得感较差的原因。因此，如果想要发挥案例课的真正作用，就必须对授课方式及其配套机制进行全面革新。

其一，将案例研习课程调整为小班制教学。理想的案例研习应当是学生有大量的课下作业需完成，而任课教师和助教要完成大量的作业批改和组织讨论工作。这种模式是和大班制授课天然不相容的。目前，由于师资力量和学生人数等多方面的限制，很多案例课程不符合小班制教学的要求，进而影响了课程效果。因此，恢复小班制教学是案例研习课程完善绕不开的。当然，为了弥补师资等方面的缺失，学校可采取多种方式鼓励案例课的开设，例如设立专门的教改课题与经费或奖项专事鼓励开设案例课程并取得较好效果的教师等。

其二，将案例教学作为一项教师的重要能力加以重视。目前并非所有法学教学均了解案例教学或擅长教学，因此学校可以考虑广泛组织擅长案例教学的教师开展教学观摩、教学沙龙、教学指导等活动，吸纳更多教师加入具备开好案例课能力和意愿的队伍中来。

其三，发挥好高年级学生助教的重要作用。案例课的开设对教师、助教和选课同学均有较高的要求。其中，助教扮演着非常关键的角色。在案例课上，助教不再是传统上随堂听课、收发作业的角色，而是承担起组织小组讨论，引导讨论深入的"准师者"角色。因此，从很多学校的情况来看，曾经修读过案例课程的同学是助教的较理想承担者。而法学实验班同学由于绝大多数同学六年本硕贯通，由已经进入硕士阶段的实验班同学担任本科案例课程的助教是较好的。这是在法学实验班开始案例课程的宝贵而稀缺的资源。当然，由于案例课需要的助教较多，这也需要学校更多经费的支持。

第二，尝试开设实务类课程。实务类课程是学生了解司法实践，锻炼法律职业技能的重要平台。从很多学校的尝试来看，实务类课程有如下几个特点：双师同堂，一般由学校教师和实务界人士两方同堂授课，从不同侧面对案例进行剖析，甚至双师展开激烈的辩论；深度参与，不同于以往的邀请校外实务界人士采取讲座等方式授课一两次的做法，在实务课程中实务界人士是全称且深度参与的；[1] 注重实操，实务课一般要求选课同学就某一诉讼立场撰写辩护或代理意见，并在课堂上展开讨论甚至辩论。这种授课方式无疑对同学了解实务、锻炼能力的帮助是巨大的。目前已经有一些高校开设了代表性的实务课程，例如北京大学法学院的《刑事辩护实务》《合同法实务》《仲裁实务研习》、清华大学法学院的《英美证据攻防：跨境合规与纠纷解决》、中国人民大学法学院的《刑事辩护实务》等。由此，作为以"实用型"为目标的法学实验班，可作为中国政法大学开设更多新型实务课程的先行平台，探索更为科学合理、学生获益更大的实务课程开设模式。

（二）培养机制的体系化

如前所述，对于法学实验班培养模式而言，四年本科阶段加两年硕士研究生阶段不能仅仅成为时间上的连贯，而更为重要的是培养上的"融贯"。而这种融贯离不开培养机制的体系化。这主要涉及两个方面的问题，一方面针对目前法学实验班在硕士阶段的学习与研究不成体系，需要做到专业方向的明确化，另一方面由于过去管理体制的较多限制，应当实现管理体制的顺畅化。

1. 专业方向的明确化

在上文中，笔者对课程设计的讨论，主要围绕的是法学实验班在本科阶段的课程优化，而没有涉及研究生阶段的课程问题。实际上，从目前法学实验班研究生阶段的课程安排来看，所存在的问题也亟待调整，概而言之问题的核心是专业方向的不明确。

---

〔1〕 《2018—2019 学年第二学期合同法实务课程介绍》，载北京大学法学院官网：https://www.law.pku.edu.cn/xwzx/ggtz/zsjx/90612.htm，最后访问日期：2022 年 5 月 23 日。

根据法学实验班 2017 级的培养方案，研究生学习阶段专业必修课为"法学方法与论文写作""宪法专题研讨""民商法专题研讨""刑事法专题研讨""行政法专题研讨"和"国际法专题研讨"六门专题研讨课。从实践的情况来看，大多数学生虽然在第五学年才正式进入研究生阶段，但学生一般在第四学年确定可以推免研究生后就已确定了专业方向并联系了硕士阶段的导师。笔者了解到，甚至有学生在更早时期就着手确定方向和联系导师。而矛盾与尴尬之处在于，目前的课程安排显然不足以使得学生完善自己的知识体系，夯实自己的专业功底。这也是笔者了解到，部分老师对实验班学生的硕士学位论文难以满意的一大原因。对于大部分同学而言，自己要花大量的时间去修读与自己的专业方向相关性不强的课程；而甚至有部分同学选择的专业方向根本没有对应的专题研讨课，例如经济法、知识产权法等方向。

有鉴于此，目前法学实验班研究生阶段的课程应当做出适当的调整：

第一，按照专业方向区分必修的专题研讨课，不再要求所有学生整齐划一地全部上同样的六门研讨课。例如"法学方法与论文写作"可作为统一要求的必修专题课，选择民商法方向的同学再修"民商法专题研讨"即可。

第二，丰富法学实验班的研究生选修课程。研究生的专业课程是研究生围绕该学科进行进一步深入学习和研究的基础，跨过专业课程直接进入专业的硕士学位论文写作中将是极为冒险的。由此，必须对各专业方向的法学实验班同学丰富其研究生阶段的课程。笔者的设想是，如果因为师资限制和每方向人数不一等因素，不再为其开设专门的专业课程，至少也应当对其提出一定学分的选修本专业法学硕士专业课程的要求。一般来说，应至少修满三到四门，学分在 9 到 12 学分左右。

2. 管理体制的顺畅化

从法学实验班过去十余年的探索来看，管理体制的不顺畅一直成为一个制约因素。

从外部来看，这种管理体制的不顺畅有上级主管部门的因素。按照现有的教育管理模式，本科生阶段的教学和管理在学校属于大学教务处，在教育部属于高等教育司；而研究生阶段的教学与管理在大学属于研究生院，在教育部属于学位管理与研究生教育司。这种管理机构不统一，使得法学实验班这种贯通模式在不同阶段面临着各类的尴尬。

从内部来看，学校层面缺乏统筹协调机构。实验班学生虽然在行政上属于法学院管理，但其涉及的学籍、学位、课程、管理却涉及学校教务处、研究生院及其他部处、其他相关学院。由于学校层面缺乏统筹协调机构，导致一些课程开设困难或不及预期，同时在培养过程中遇到的问题，法学院只能逐个沟通，解决存在困难。

值得欣慰的是，2021 年开始，实验班研究生阶段的推免保研和课程教学教务等工作正式由学校研究生院统筹管理，学院研究生工作办公室负责对接，困扰实验班的管理机制问题得到部分解决。但目前学校尚无统筹协调机构来解决培养过程中遇到的突出问题。事实上，就法学实验班培养模式而言，无论是目前的管理，如论文写作管理和答辩管理，还是本文提到的优化课程体系，明确专业方向等，均不是单一学院能独立解决的。因此，唯有确立学校层面的统筹协调机构，才能汇集各方的智慧，共同为法学教育的革新贡献智识和力量。

四、结语

中国政法大学法学实验班的培养模式已经经历了十余年的探索，在这十余年中，法学实验班的同学在校表现突出，毕业去向优质，这印证了这种培养模式所取得的突出成就。中国法学教育正面临着多种考验，在这种局面下，作为法学教育改革探索先行者的法学实验班理应做出相应的回应。从发展趋势上看，法学实验班应该凝聚特色、引领潮流、形成品牌，唯有如此，才能维持法学教育改革先行者的位置，为中国特色法治人才培养做出应有贡献。而在实现路径上，在可预期的未来，法学实验班应着眼于课程设计的科学化与培养机制的体系化。

卓越法治人才培养目标下课堂教学改革研究

◎张冬阳*

摘　要：培养德法兼修、知行合一的卓越法治人才是高等法学教育的重要任务。校外教学因为超越校园场域，效果无法得到有效保障，提升人才培养质量应当主要从课堂教学入手。首先，坚持价值引领，采用"思政案例教学法"和"课程思政联动机制"等教学手段提高课程思政内涵融入课堂教学的水平，将社会主义核心价值观教育贯穿于法治人才培养的全过程。其次，优化课程体系，根据课堂组织形式相应地强化学生过程性参与，激发学生自主性参与；适当借助智能教学工具提升教学效果。最后，课堂教学应当创新法律实践教学模式，提升学生法律实践能力。鉴定式案例分析技术注重

---

* 张冬阳，中国政法大学法学院讲师。

逻辑推理论证，培养学生法律适用能力，强调学生主动参与课堂分析案件，有助于法律职业共同体的形成。

关键词：课程思政　课堂教学　法律实践能力　鉴定式

一、引言

2011 年 12 月 23 日，教育部、中央政法委员会联合发布了《关于实施卓越法律人才教育培养计划的若干意见》，决定在我国实施"卓越法律人才教育培养计划"。针对我国高等法学教育所出现的"社会主义法治理念教育不够深入、培养模式相对单一、学生实践能力不强"等问题，该意见提出"培养应用型、复合型法律职业人才""适应多样化法律职业要求，坚持厚基础、宽口径，强化学生法律职业伦理教育、强化学生法律实务技能培养，提高学生运用法学与其他学科知识方法解决实际法律问题的能力，促进法学教育与法律职业的深度衔接"。应用型法律职业人才培养目标的设定为我国高等法学教育提升人才培养质量指明了方向。

2017 年 5 月 3 日，习近平总书记在中国政法大学考察，谈及高等法学教育时深刻地指出，法学教育要坚持立德树人，不仅要提高学生的法学知识水平，而且要培养学生的思想道德素养；法学教育还应当处理好知识教学和实践教学的关系。2018 年 9 月 17 日，教育部、中央政法委员会联合发布了《关于坚持德法兼修实施卓越法治人才教育培养计划 2.0 的意见》，2011 年所提出的"卓越法律人才教育培养计划"由此正式升级为"卓越法治人才教育培养计划"。这一更新换代不仅是对全面推进法治中国建设提供人才智力保障的回应，更是明确了对法治人才培养体系清晰的改革任务。卓越法治人才教育培养计划中，课堂教学环节作为法学教育的核心组成部分与人才培养质量紧密相关。因此，培养卓越法治人才，首先应当从课堂教学环节抓起，综合考虑深入推进全面依法治国实践对法律人才的需求、法律服务工作者社会责任担当、法律制度变革等多种因素，从课程结构、教学内容、教学方法等方面对课堂教学进行全面、深入的改革和探索。本文从卓越法治人才培养目标出发，提出课堂教学应当坚持强化对学生的价值引领，将智能技术融入课堂，改革教学方法，培养学生法律实践能力。

二、课堂教学必须坚持价值引导

法学作为"正义"之学，法学教育本身就是对意识形态领域的塑造和完善，背后承载的不仅仅是专业知识的创新和专业素养的培养，还应当包括对主流价值和信仰的学习号召。2018 年《关于坚持德法兼修实施卓越法治人才教育培养计划 2.0 的意见》在改革任务和重点举措中就指出，法学教育应当重视德育，将社会主义核心价值观教育贯穿于法治人才全过程各环节。

现代法学的基本原则、制度、内容以及用语，可以说无一例外都是西方法学发展各个阶段的产物。[1] 将社会主义核心价值观注入法治人才培养之中的首要使命是实现话语体系的转变，也就是将西方自由主义话语体系主导下的法学转向为中国话语体系主导下的"法学"。[2] 这要求中国法律人不仅批判西方自由主义法治话语体系对中国的支配性地位，更要立基于中国法治实践反

---

〔1〕　何勤华：《西方法学史》，中国政法大学出版社 1996 年版。

〔2〕　杨雅妮：《新文科建设背景下法学教育的变革》，载《新文科教育研究》2021年第 2 期，第 80 页。

思性地创建本土的法治话语体系，即坚持实质性的法治观，强调公平正义的社会主义核心价值。[1] 课堂教学作为一种能够在短时间内有效向学生传递知识且被广泛运用的教学手段，自然在培养学生思想道德素养中有着不可或缺的地位，为此，法学专业课堂教学必须坚持"强化价值引领"，以立德树人为根本目标，将社会主义核心价值完美地融入专业知识的传授之中。

2016 年 12 月，习近平总书记在全国高校思想政治工作座谈会上指出："要用好课堂教学这个主渠道，思想政治理论课要坚持在改进中加强，提升思想政治教育亲和力和针对性，满足学生成长发展需求和期待，其他各门课都要守好一段渠、种好责任田，使各类课程与思想政治理论课同向同行，形成协同效应。"[2] 此后，"课程思政"这一落实和回应全国高校思想政治工作会议精神的标志性词汇，迅速地在全国高校中普及开来。

（一）课程思政对于价值引导的重要意义

对学生价值观的引导长期以来一直被认为是思想政治教育的任务和职责。这导致思政教育与专业教学之间出现"两张皮"的现象：教育理念上知识传授与价值引领之间的关系没有得到正确认识；队伍建设上教师育德能力和育德意识有待提升；根本原因在于没有树立起"全课程、全员育人理念"。[3] 一项针对大学生对思想政治理论课的总体评价及学习态度的调查亦表明，绝大部

---

〔1〕 朱振：《中国特色社会主义法治话语体系的自觉建构》，载《法制与社会发展》2013 年第 1 期，第 22 页。

〔2〕 吴晶、胡浩：《习近平在全国高校思想政治工作会议上强调 把思想政治工作贯穿教育教学全过程 开创我国高等教育事业发展新局面》，载《中国高等教育》2016 年第 24 期，第 7 页。

〔3〕 高德毅、宗爱东：《从思政课程到课程思政：从战略高度构建高校思想政治教育课程体系》，载《中国高等教育》2017 年第 1 期，第 43 页。

分学生认为思想政治理论课在自身全面发展之中发挥重要作用，但也有近八成的学生对教学效果不甚满意，强烈要求改革课程体系和内容，主要原因是思想政治理论课程内容枯燥乏味、教师课堂缺乏激情和掌控力、课程教学缺乏针对性和亲和力等。[1]

习近平总书记在全国高校思想政治工作会议关于各类课程与思想政治理论同向同行的讲话精神得到各高校迅速的响应，如北京大学整合教师与课程资源，持续完善通识教育与专业教育相结合的育人模式，推动"思政课程"向"课程思政"转型，推广大班讲授和小班研讨相结合的教学模式，在思政课、通识课、专业课、实习课中广泛深入地播信仰、植信念。[2] 2020 年 5 月 28日，教育部印发的《高等学校课程思政建设指导纲要》中指出，"全面推进课程思政建设，就是要寓价值观引导于知识传授和能力培养之中，帮助学生塑造正确的世界观、人生观、价值观，这是人才培养的应有之义，更是必备内容""要紧紧抓住教师队伍'主力军'、课程建设'主战场'、课堂教学'主渠道'，让所有高校、所有教师、所有课程都承担好育人责任，守好一段渠、种好责任田，使各类课程与思政课程同向同行，将显性教育和隐性教育相统一，形成协同效应，构建全员全程全方位育人大格局"。至此，课程思政概念被正式使用和明确。

课程思政的提出和发展作为高校思想政治教育创新方式之一，优势在于积极运用隐性渗透的教学方式，充分借助专业课程

---

〔1〕 梁纯雪、眭依凡：《课程体系重构：基于增强思政理论课针对性和亲和力的调查和思考》，载《中国高教研究》2018 年第 11 期，第 67 页。
〔2〕 《北京大学迅速兴起学习宣传贯彻党的十九大精神热潮》，载中华人民共和国教育部官网：http://www.moe.gov.cn/jyb_sjzl/s3165/201711/t20171113_319006.html，最后访问日期：2022 年 4 月 4 日。

等其他各种载体和方式进行全方位的思想政治教育引领。专业课程是专高等教育业培养方案最重要的组成部分，不仅课程数量多，贯穿专业培养始终，授课教师与学生有着更多的沟通机会更多，相应的也是高校进行思想政治教育的重要载体和平台。授课教师在进行日常专业教育的同时渗透穿插思政元素内容，能够更为有效地释放思想政治教育效能，实现专业性和思政性的统一，相比思想政治课更具有实效性。[1] 无疑，这种内化和隐性的知识传递能够更为快捷地落实立德树人的根本任务，在提高人才培养质量的同时促进社会主义核心价值观在学生心中生根发芽。[2]

（二）法学专业课堂教学应当强化课程思政建设

课堂教学是当前高校大学生接触和学习社会主义核心价值观的主要途径，是学生思想引领和价值观塑造的主要场所。然而在法学专业课程的实际课堂教学中，个别授课教师错误地认为思想政治教育是思想政治课教师的职责；学生错误地认为思想政治教育是传统的思想政治课，与法学专业课程无关。[3] 在这种错误认识下，法学专业的课堂教学更多呈现的是抽象的西方法学理论，甚至出现过多的欧美司法案例，"言必称德国、法国、瑞士等西方国家的成熟立法经验"，这种侧重使得中国特色社会主义法治实践没有机会进入学生的视野。[4]

---

〔1〕 陶韶菁、陈镇喜：《课程思政：专业性和思政性的相统一相促进——以经济学类课程为例》，载《华南理工大学学报（社会科学版）》2020 年第 6 期，第 128 页。

〔2〕 任海涛、张惠虹主编：《法学学科课程思政教学范例》，华东师范大学出版社 2021 年版，第 6 页。

〔3〕 邱伟光：《课程思政的价值意蕴与生成路径》，载《思想理论教育》2017 年第 7 期，第 12 页。

〔4〕 王琦：《法学专业"课程思政"教学改革问题探究》，载《中共合肥市委党校学报》2021 年第 6 期，第 41 页。

相比于其他专业来说，法学专业的课程思政教学改革具有鲜明的实践优势：无论是意识形态领域还是非意识形态领域的专业知识领域都可以融入思政元素，只需授课教师挖掘所授课程中所蕴含的思政元素，将马克思主义价值观和方法论融入专业课教学过程，充分发挥法学专业课的育人功能。例如在民法婚姻继承法方面，《中华人民共和国民法典》第 1059 条第 1 款规定，"夫妻有相互扶养的义务"；第 1069 条规定，"子女应当尊重父母的婚姻权利，不得干涉父母离婚、再婚以及婚后的生活。子女对父母的赡养义务，不因父母的婚姻关系变化而终止"。这些内容充分体现了中华民族的传统美德，是思想政治教育中的重要内容，完全可以无缝融入课堂教学之中，实现开展中华优秀传统法律文化教育的目的。[1] 在专业知识融入思政元素的同时，授课教师应当辩证地讲授西方法学理论，而不是机械地照搬照抄。习近平总书记强调："对世界上的优秀法治文明成果，要积极吸收借鉴，也要加以甄别，有选择地吸收和转化，不能囫囵吞枣、照搬照抄。"法学专业授课教师在课堂教学活动中必须对法治发展史、西方的法律制度和法治现状保持客观辩证的态度，揭露其局限之处，进行批判性吸收和转化，最终回归到中国实践。

由于法学课程多为抽象理论，进行课程思政建设时还必须创新课堂教学模式，推进现代信息技术在课程思政教学中的应用，激发学生学习兴趣，引导学生深入思考。授课教师应当关注最新的法治新闻，通过下载和录屏等方式保存材料，以便能够在课堂上进行展示。视频材料不应当过长，以免占用过多的课堂教学时间。

---

〔1〕 任海涛、张惠虹主编：《法学学科课程思政教学范例》，华东师范大学出版社 2021 年版，第 33 页。

（三）行政法与行政诉讼法课程思政教学设计思路

作为高等院校法学专业核心课程之一的行政法与行政诉讼法学，其课程内容始终贯穿着依法行政、诚信政府、主观公权利、公共利益等原则与理论，蕴含着丰富的思政元素。习近平总书记指出，法治政府建设的重点任务和主体工程在于用法治给行政权力定规矩，划界限，规范行政决策程序。因此行政法与行政诉讼法课程思政的建设不仅在于使学生通过学习增益了解相关专业和行业领域的国家战略、法律法规和相关政策，还致力于引导学生深入社会实践、关注现实问题，塑造学生行政法治理念。

传统的行政法与行政诉讼法课程总体上具有封闭性、静态化和教学模式被动式的特征；[1] 课堂教学任务繁重，教学内容背景固化，学生很难参与其中，忽略了中国日新月异的法治实践，自然也无法发挥课程思政功能。为了保证行政法与行政诉讼法课堂教学能够最大限度地发挥育人作用，需要从课程设计、教师素养和教学方法上采取以下举措：

1. 设计和规划：重构行政法与行政诉讼法课程内容结构

首先，一个不争事实是行政法与行政诉讼法课程授课内容繁多，教师必须在有限时间内讲授完毕多部重要的行政程序法和行政救济法，造成思政元素无法被有机融入。承担课程思政功能的行政法与行政诉讼法课程在内容结构上应当进行适当删减，使得教学内容安排更有层次。其次，在行政法专业学科知识体系中寻找与德育知识体系的"触点"，使法律知识技能的获得与思想品德的形成相辅相成、相互促进。以课程单元"行政法基本原则"

---

〔1〕 苗泳等：《"课程思政"视域下行政法课程教学模式的改革与创新》，载《河北大学成人教育学院学报》2021年第2期，第88页。

为例，由于学说理论对行政法基本原则的界定出现分歧，授课教师可以根据国务院印发的《关于全面推进依法行政实施纲要的通知》来讲解行政法基本原则，不仅能够使得学生深入了解依法行政，更能够激发学生的爱党、爱国情感，培养其政治认同和家国情怀。

2. 提升任课教师的思政素养，发挥主导作用

授课教师是课程思政建设的具体实践者和推动者，其政治素养、育德意识与能力直接影响课程思政的实施效果。因此，授课教师不仅要精通自己的专业，还要切实提高自身的思政理论水平，拥有这个"支点"，从事融入思政元素的行政法课程教学才能驾轻就熟，方能实现课程知识性和思想性、科学性和政治性的统一。[1] 中国政法大学法学院组织的"学思享"系列讲座为授课教师认真学习习近平法治思想，切实提高自身的思政素养提供了平台；集体备课阶段，授课教师围绕行政法与行政诉讼法课程思政育人的教学目标，从思政元素挖掘、典型思政案例凝练、教学方案改革等方面深入探讨达成共识，在不断的学习和交流中借鉴优秀教师有用的教学观念和方法，从而提高自身的思政教学水平。

3. 创新课堂教学手段和教学载体

行政法与行政诉讼法学课程思政教学改革目标的达成离不开对教学手段和教学载体的不断创新，尤其是注重学生的能动性、主动性和创造性：首先，创新师生互动模式。课程思政应当抛弃传统的灌输式教学，课程思政内容要想"进头脑"和"入人心"

---

〔1〕 尚苏影：《融入"思政"元素的行政法课程教学改革对策研究》，载《教育教学论坛》2020 年第 12 期，第 74 页。

就必须注重与学生的互动。互动原则强调课程思政的参与者之间要进行沟通、对话，找准问题，促进落实，实现价值塑造、知识传授和技能培养的有机结合。[1] 为此可以采用"思政案例教学法"和"课程思政联动机制"两种授课手段提高课程思政内涵融入课堂教学的水平。

"思政案例教学法"是指授课教师根据自身研究和实践经验，选取具有思政元素的法学案例开展课堂教学。自改革开放以来，我国法治政府、法治社会和法治国家建设已经取得显著成效，在这一发展进程中已经积累了大量法治实践材料，无论是行政管理领域还是行政裁判领域都有着诸多具有中国特色的本土案例。因此，授课教师可以择取实践中具有思政教育元素的行政法事例和案例，在课堂上采用"思政案例教学法"讲授，这样既能实现一般案例教学的效果，提升学生用法律专业知识分析问题、解决问题的能力，还能让学生在一个个现实而鲜活的案例面前更好地理解中国法治发展的独特面向，坚定建设法治政府的信念。以课程单元"行政许可法"为例：在"行政许可概述"部分，以《中华人民共和国行政许可法》立法材料为切入点，带领学生深入了解《中华人民共和国行政许可法》的诞生背景，从而带出我国自2001 年所积极开展的行政审批体制改革；在"行政许可设定"部分向学生展示《国务院决定取消的国务院部门行政许可事项目录》的通知文件，展现我国政府改变职能的决心；在"行政许可实施"部分，向学生播放新闻视频说明我国各地政府积极动用《中华人民共和国行政许可法》第 25 条和第 26 条授权对行政许

---

〔1〕 任海涛、张惠虹主编：《法学学科课程思政教学范例》，华东师范大学出版社2021 年版，第 24 页。

可实施采取集中实施、并联审批和一站式审批，取得明显成效。在"行政许可法"课程单元的结束部分则引导学生分析近年来我国政府优化营商环境政策在实践中的具体表现，鼓励学生主动发现行政审批体制改革给自身生活带来的积极影响。

教育部《高等学校课程思政建设指导纲要》指出："要综合运用第一课堂和第二课堂。"课程思政建设不应局限于第一课堂教学，还应当将学习空间和学习内容拓展到中国特色的行政体制机制实践之中，创造机会让学生走出课堂，走向社会。为此，行政法与行政诉讼法课程思政建设创建了"课程思政联动机制"，力图打造"学建互哺·府院互联"的行政法治人才培养模式，即借助年度法治政府评估和创建项目，每年招募约两百余名法学本科学生在全国 100 个城市开展现场调研。学生通过实地案卷核查、问卷发放、问卷数据分析、报告撰写与研究等多种方式深度参与项目。通过让学生亲身参与法治政府的评估和创建，使其得以近距离观察法治政府建设的制度细节，从而实现建设法治政府的理论学习和实践经验的互哺。例如，参与评估的学生在四川广安调研时发现当地行政诉讼采取异地法院管辖，遂产生不解和质疑，通过与授课教师咨询了解到《中华人民共和国行政诉讼法》第 18 条第 2 款规定了法院跨区域管辖案件的情形，该规定正是我国政府为了打破地方干预、保障行政审判的一项重要制度。学生通过鲜活的本土实践案例不仅消除了对当地公权力机关的不信任，还更好地理解了中国行政诉讼制度构建。在上述举措下，2022 年 1 月，由中国政法大学法学院的行政法与行政诉讼法课程被评定为北京高校课程思政示范课，罗智敏教授领衔的课程授课团队同时获评课程思政教学名师和教学团队。

三、课堂教学必须创新教学形式

2019 年，教育部发布的《关于一流本科课程建设的实施意见》中指出，建设一流本科课程中授课教师必须创新教学方法，强化课堂设计，解决好怎么讲好课的问题，以实现提升教学效果的目的。教学效果的真正提升不仅要求改变传统课堂模式，更需要从根本上优化课程体系。

（一）优化法学课程体系

当前各高校法学专业培养方案对课程的分类主要是根据该课程在专业教学中的地位进行划分，分为通识课程、专业必修课程、专业选修课程、实践课程等几类。《法学类教学质量国家标准（2021 版）》则将法学课程体系其分为理论教学课程和实践教学课程。个别学者根据教育内容和教育功能还将其细分为理论类课程、实务类课程和实践类课程，认为实务类课程与实践类课程的区别仅在于前者为课堂教学，后者为课堂外的实践活动。[1]

中国政法大学六年制法学人才培养模式改革实验班在长期实践中形成了"基础理论课—案例研习课—研讨课—专题课—专业实习"的课程体系。基础理论课程是法律应用和法学研究的基石，要培养一个合格的法律人，只有当其具备深厚的法学理论素养，才能提高其对具体法律问题的洞察力和理解力。[2] 与此同时，案例研习课也被纳入专业必修课之中，借此希望打通从理论学习到法律应用的最后一公里路。研讨课和专题课则是专业选修

---

〔1〕 赵勇：《实践能力培养为中心的法学本科课程体系的构建》，载《乐山师范学院学报》2021 年第 10 期，第 98 页。

〔2〕 郭广辉等：《卓越法律人才培养与法学教学改革》，中国检察出版社 2014 年版，第 13 页。

课，学生只需选择感兴趣课程满足学分要求就可。专业实习经过三次培养方案的调整后现在时长为 20 周，是《法学类教学质量国家标准（2021 版）》所要求专业实习的时长的两倍，体现了对学生实务能力培养的重视。上述课程体系在实践中产生的问题在于，个别课程因理论性较强没有必要再单独开设案例研习课；授课教师如果不认真把握课程体系，不严格区分课程定位，很容易导致相近内容反复讲授四遍，既浪费了教学资源，也让学生产生松懈学习的心理。因此有必要进一步删减课程，同时向授课教师提醒课程定位。

此外，由于法学专业知识、技能上的关联性和渐进性，合理地安排课程顺序对于课程体系的精细化具有重要意义。[1] 何美欢教授就此指出："无结构的课程的实践有百弊而无一利。"[2] 同样以中国政法大学六年制法学人才培养模式改革实验班培养方案为例，其法学方法与论文写作课程开设在第四学年的第二个学期或者第五学年的第一个学期，这种课程排序根本无助于第四学年第一个学期就开始的本科毕业论文写作。鉴于培养方案要求学生在第二学年联系指导教师撰写学年论文，可以考虑将法学方法与论文写作课程提前到第一学年或者第二学年，这样才能让学生及早重视写作能力的培养，提高人才培养质量。

（二）强化课堂设计

卓越法治人才的培养离不开教学方式的改革，尤其是强化课堂设计，解决好怎么讲好课的问题，杜绝单纯知识传递、忽视能

〔1〕 杜健荣：《论法学本科教育教学中的粗放化问题及其解决——以应用型法律人才培养为出发点》，载《中国法学教育研究》2018 年第 4 期，第 53 页。
〔2〕 何美欢等：《理想的专业法学教育》（修订版），清华大学出版社 2016 年版，第 32 页。

力素质培养的现象。课堂设计的改良主要从强化师生互动和融入信息技术两方面进行。

1. 强化师生互动

法学课程课堂教学应当在人性化与能动性理念的指导下展开，变传统单向灌输教学为双向互动。[1] 传统教学模式下，授课教师根据教学目标和教学大纲进行课堂讲授。这种教学方法在我国长期沿用，有着在规定课时内系统全面地讲授完毕课程内容的优势。在灌输式教学模式下，教师主导着教学的进行，并以流行的"多媒体+投影仪"方式为学生提供丰富的直观感受。[2] 在如此模式的课堂中，师生互动较少，处于被动接收地位的学生在学习积极性、问题思考能力和语言表达能力上都很难得到提高。即使教师在课堂上提问，通常也是用于引入所讲主题，互动缺乏深度；特定场合下教师也会给学生留出提问时间，个别学生却囿于场合限制不敢发问，丧失互动机会，导致课堂师生互动形式化。

课堂设计强化师生互动就意味着课堂教学应当以学生为中心，强调学生对知识的主动探索、主动发现和对所学知识意义的主动建构，而不是像传统教学那样只是把知识从教师头脑中传送到学生的笔记本上，即从"以教师为本位"转向"以学生为本位"的建构主义教学模式。[3] 要想真正实现教师与学生的互动交流，教师应该在教学工作中创造性地开展工作。首先，授课教

---

〔1〕 曹险峰、张龙：《高校法学教学改革中的人性化与能动性》，载《黑龙江教育（高教研究与评估）》2016 年第 10 期，第 1 页。

〔2〕 刘显鹏、郭颂彬：《法律硕士案例教学之师生互动模式研究》，载《成都师范学院学报》2017 年第 11 期，第 12 页。

〔3〕 李丽：《美国法学互动式教学的经验借鉴——以爱荷华大学法学院为例》，载《湖北师范学院学报（哲学社会科学版）》2016 年第 4 期，第 100 页。

师应当转换传统的教学观念。在当今信息大爆炸的时代，教师固然在专业知识深度上有着优势，但学生更能接触更为前沿的知识。而且教学直接作用于学生时，学生不是单纯的知识传授客体，而是独立参与到科学讨论中的高校成员，正是教师和学生之间的科学交互结构形成了大学教学的最重要特征。[1] 尽管授课教师基于学术自由保障决定了教学内容，承担教学和研究的责任，当然地对课堂具有决定优先权。但洪堡大学理念所倡导的"教师与学生共同追求知识"[2] 在当今高等教育继续有效。因此，授课教师必须保持谦卑态度，充分重视学生的主体地位，主动活跃课堂气氛，为学生积极提问和表达观点提供契机。其次，授课教师在开展互动之前应当对问题和知识点了然于心。知识点并不局限于所要重点分析的专业知识，毕竟在互动式课堂中，学生很有可能提出各种各样的关联问题，教师必须做好充分准备，耐心听取学生的提问并做出回应。这种即时性回应也能够极大地增强学生的参与感，反过来促进更多的互动。最后，授课教师可以采用情景假设、案例分析等场景促使学生们在参与讨论，再通过教师引导、补充，来进一步引导学生对问题的分析并培养自我完善的能力。整体来说，师生互动教学不仅要求授课教师改变教学观念，还要具备较渊博的知识和较好的组织引导能力，才能真正达到互动的教学效果。

对学生主体性作用强调并不意味着授课教师必须在任何教学活动中都全面地展开师生互动。中外高等教育的教学活动在组织

---

〔1〕 Ann-Katrin Kaufhold, *Die Lehrfreiheit - ein verlorenes Grundrecht* , Duncker & Humblot , 2006, p. 204.

〔2〕 张叶鸿:《创造性思维教育与洪堡大学理念》，载《清华大学教育研究》2020 年第 5 期，第 68 页。

形式上都可以分为基础理论课、分析研讨课和实践技能课；[1]基础理论课侧重以教师为主导的纯粹讲授理论知识为主，注重系统性和学术性；分析研讨课则是围绕特定领域具体问题展开讨论，训练学生研究能力；实践技能课以示范性讲授和操作训练相结合方法为主，锻炼学生动手能力。与三种形式教学活动相伴随发生的则是三种学生参与模式，分别为规则性参与、过程性参与和自主性参与：规则性参与是指学生遵守纪律性规定，做到不逃课；过程性参与则是学生积极参与课堂内各种学习环节；自主性参与则是发生在课堂场域之外自发学习。[2] 在分析研讨课和实践技能课中，学生的过程性参与和自主性参与必须作为课堂教学的主导环节来设计，教师扮演辅助角色；而在基础理论课中仍然要以教师系统讲授为主：一方面因为注重学术性和体系性的知识传授对有效教学来说非常必要；另一方面因为个体教师不具有课程组织形式的实际决定权，基础理论课通常被设定为大班教学，师生关系无法建立密切关系。[3] 但教师可以通过延伸和拓展传统的课堂内涵，增强学生过程性参与，激发学生课堂外学习动力，使课堂教学不再局限于教室中的课堂。

2. 融合信息技术

2018 年 4 月，教育部印发了《教育信息化 2.0 行动计划》，其中提出开展以学习者为中心的智能化教学支持环境建设，利用智能技术加快推动人才培养模式、教学方法改革，探索泛在、灵

---

〔1〕 林燕、孟建伟：《大学课程类型的细分及课程定位》，载《山西大学师范学院学报（哲学社会科学版）》1997 年第 2 期，第 58 页。

〔2〕 鲍威、张晓玥：《中国高校学生学业参与的多维结构及其影响机制》，载《复旦教育论坛》2012 年第 6 期，第 23 页。

〔3〕 徐国兴：《研究型大学本科教学的学习促进功能探析》，载《复旦教育论坛》2021 年第 4 期，第 74 页。

活、智能的教育教学新环境建设与应用模式。在教育信息化 2.0 背景下，高校人才培养模式变革的重点在于通过利用先进信息技术手段，来实现差异化教学和个性化教学习，从而促使以学习者为中心的新型教学模式的广泛应用。[1] 现代意义上的课堂教学有别于传统的教室课堂，而是向网络等"空中课堂"延伸和拓展，通过引入"中国大学慕课"等优秀的在线教学资源，借助"学习通""雨课堂"等教学工具，设计多种学生主动参与教学的模块，充分发挥学生的主观能动性，以此建立覆盖线上线下、课前课中课后、教学辅学的多维度智慧学习环境。

慕课是近年来受到追捧的一种免费在线教学方式，同时也是一种新的课程模式。学生使用慕课既可以获取视频、习题、教材等传统课程材料，还能参与交互性论坛，与授课教师和其他学习者进行互动交流。尽管研究者认为慕课教学模式可能从根本上颠覆大学传统的讲课形式和教学管理，[2] 但传统的课堂面授教学模式并未被完全取代，"中国大学慕课"在国内高校课堂教学也一直未受到重视。

疫情期间的线上教学模式则让"中国大学慕课"获得了更多发挥自身效用的可能性。线上教学模式可以分为两种：一种是利用在线办公平台进行视频直播教学；另一种则是在智能教学平台上提供在线教学资源，发布通知和作业并进行辅导。线上教学模式在新鲜感过去之后，暴露出更多的问题：首先，在线互动需要更为稳定的网络，对于很多学生来说并非易事；其次，枯燥的法

---

〔1〕 杨宗凯：《教育信息化 2.0：颠覆与创新》，载《中国教育网络》2018 年第 1 期，第 18~19 页。

〔2〕 代艳丽：《MOOC 教学模式在卓越法律人才培养中的应用探索》，载《高教论坛》2015 年第 7 期，第 51 页。

学课程内容加上有距离感的虚拟讲授，学生注意力容易涣散，无法积极思考并消化知识。[1]

更值得推崇的则是在线下教学中将教学内容融入智能教学软件，丰富教学资源，加强课堂趣味性和互动性，提升课堂教学成效。中国政法大学早期在教学中引进"雨课堂"智能课堂教学软件，后来响应教育部"停课不停学"号召在全校范围内全面推行"超星学习通"。教学设计上，通过有机结合多种信息化工具，实现课程学生管理的无缝接入、教学内容推送的及时深入、课堂互动交流的精准覆盖以及学生学习效果的实时评估。基于中国政法大学的实践与探索，我们认为，在卓越法治人才培养模式中引入智能教学时必须注意到，信息技术固然可以部分地提升教学效果，但必须警惕智能教学推进过程中出现的"炫技"误区，一味去追随"高大上"的信息技术。[2] 如此反而容易分散学生注意力，降低课堂教学效果。

（三）建设第二课堂

根据 2018 年《关于坚持德法兼修实施卓越法治人才教育培养计划 2.0 的意见》，我国高等法学教育应当紧密结合新时代高素质法治人才成长需要，以"应用型复合型创新型法治人才"为培养目标。与 2011 年意见所提出的"应用型、复合型法律职业人才"培养目标相比，新的培养目标在继续强化"应用型复合型"同时新增"创新型"要求。"第一课堂"教学为学生提供了系统的知识体系和基础，学生知识结构的完善和创新则更多地需

---

〔1〕 张贝特:《法学"云课堂"的实践性与互动性进路——从多平台多维度构建线上案例教学说起》，载《中国法学教育研究》2021 年第 1 期，第 147~148 页。

〔2〕 参见古勇等:《教育信息化 2.0 背景下卓越法律人才培养模式探索与启示——以中南财经政法大学为例》，载《高等教育评论》2019 年第 1 期，第 37 页。

要"第二课堂"提供补充支持。[1]

第二课堂可以是组织附随于课堂教学的读书小组、教授午餐会、学术工作坊等多种形式,培养学生对学术前沿问题的敏锐度和感知力。特别是中国政法大学法学院 2018 年起举办的"法思系列活动"。"法思系列活动"包括"法思大讲堂""法思写作坊"和"法思工作坊"三个部分。"法思大讲堂"针对新时代的热点法学问题,不定期邀请法学理论或实务专家作为讲堂主讲,以及相关与谈人或评议人参与活动,旨在开拓学生的理论视野,培养现实关怀,提升问题意识和法律思维能力。"法思写作坊"以专题讲座的形式,邀请知名教授和期刊编辑针对学生论文写作中遇到的问题,进行写作能力的培养和提升。"法思工作坊"以小组活动的方式开展,由专业教师以"师徒相授"的方式带领学生研读法学经典文献,学生结合最新文献开展批判性阅读和写作,以期提高阅读能力与批判能力。每学期都定期举办的"法思工作坊"作为学校第二课堂本科生成长服务网络平台,为学生们的第二课堂成绩单建设提供了重要平台。

四、课堂教学应当注重实践能力培养

法律总是立法者为了实现特定法律和事实效果而制定出台的,这就使得与其他人文学科教育不同,法学教育一开始就与实践紧密联系,课堂教学不仅要传授法学知识,而且还要担负起培养各种能力、胜任实际法律工作的重任。2011 年《关于实施卓越法律人才教育培养计划的若干意见》就强调法学教育应当"强化

---

〔1〕 陆岸:《卓越法律人才培养机制再思考——以"第二课堂"学生工作手段创新为视角》,载《河北法学》2014 年第 9 期,第 112 页。

法学实践教学环节"，2018 年《关于坚持德法兼修实施卓越法治人才教育培养计划 2.0 的意见》在上述基础上进一步提出，"提高法学专业实践教学学分比例""积极探索实践教学的方式方法，切实提高实践教学的质量和效果"。尽管如此，法律实践教学因其内涵存在争议导致法律实践能力培养存在偏差，真正的重心应当聚焦于法律适用能力的训练。

（一）法律实践教学的内涵外延

长期以来，法律实践教学的内涵外延都不清晰，《关于实施卓越法律人才教育培养计划的若干意见》将"案例教学""模拟法庭""法律诊所"和"专业实习"均纳入法律实践教学之中。个别学者则认为，法律实践教学应当只包括法律诊所、模拟课程及校外实习三种类型，排除案例教学和模拟法庭活动。[1] 不过根据《法学类教学质量国家标准（2021 版）》，法律实践教学的指导思想是："在理论教学课程中应设置实践教学环节，改革教学方法，强化案例教学，增加理论教学中模拟训练和法律方法训练环节"。这意味着法律实践教学本质上是一种教学方式，与课堂教学并不对立，其不是单纯的实践，而是知识及其可能应用的展示和体验。[2] 因此，法律实践教学既可以是课堂内的案例教学，也可以是课堂外的专业实习，是集方法与内容于一体的教学体系。[3]

法律实践教学效果因场域的不同存在着明显差异：课堂内实

---

〔1〕 许身健：《卓越法律人才教育培养计划之反思与重塑》，载《交大法学》2016 年第 3 期，第 27 页。

〔2〕 蔡立东、刘晓林：《新时代法学实践教学的性质及其实现方式》，载《法制与社会发展》2018 年第 5 期，第 96 页。

〔3〕 刘坤轮：《走向实践前置：中国法律实践教学的演进趋势》，载《政法论丛》2019 年第 6 期，第 151 页。

践教学由于能被纳入高校人才培养质量监控的全流程，效果更为明显；校外实践教学因为超越了校园场域，参加专业实习的学生受实习单位和高校院系的双重管理，造成信息沟通存在障碍；实习结束后很多学生所撰写的实习日志和实习报告无法真实地反映实习情况，更看不出有任何关于实习内容的深度思考，使得校外实践教学"沦为符号化、形式化的法治人才培养环节"，从而背离卓越法治人才培养环节的设置初衷。[1] 在校外实践教学效果长期无法改善的情况下，更应该强化课堂内实践教学，积极通过教学方法改革来提高实践教学的质量和效果，也即《法学类教学质量国家标准（2021 版）》所规定的"改革教学方法，强化案例教学"。

（二）法律实践能力的内容

法律实践教学以提升法科学生法律实践能力为目标，但对于何为法律实践能力，向来缺乏准确的界定。何美欢老师认为，法律职业需要具备智能技能和实务技能，前者是知道如何使用承载法律概念和条文的文字；后者是指处理业务中的人际关系。[2] 2011 年《关于实施卓越法律人才教育培养计划的若干意见》在强调实践教学时则明确提出"切实提高学生的法律诠释能力、法律推理能力、法律论证能力以及探知法律事实的能力。"从中可以得知，法律实践能力应当至少包括法律适用能力、事实探知能力和法律业务能力。葛云松老师指出，对于课堂教学来说，法律事实发现能力更适宜于在实务工作中培养，并非法学教育的重点；

---

〔1〕 刘坤轮：《走向实践前置：中国法律实践教学的演进趋势》，载《政法论丛》2019 年第 6 期，第 152 页。

〔2〕 何美欢：《理想的专业法学教育》，载《清华法学》2006 年第 3 期，第 115 页。

至于具体法律职业的业务能力也只需在职业生涯中逐渐养成即可。[1] 法律诠释能力、法律推理能力和法律论证能力则可以通过课堂教学习得。

法的功能在于通过法律规范实现目的和价值。[2] 法的有效性诉求（Geltungsanspruch）意味着法必须得到适用，国家负责保障法的执行。根据法秩序对具体争议得出判断并进行论证，即为法律适用。[3] 一般来说，法律适用遵循三个步骤：第一，确认有法律重要性的事实（quaestio facti）；第二，确认个案中重要的抽象性法律规定（quaestio iuris）；第三，将抽象法律规范适用于具体案情（subsumtio）。每一项任务又可以区分更多的工作步骤，例如在"确认个案中重要的抽象性法律规定"步骤中需要法律适用者寻找法律规范，借助法律解释方法对规范作出解释。[4] 由于法律事实和法律规范之间并非一种简单的一一对应关系，法律适用者必须在其中融入缜密的说理，法律推理构成法律适用的一个必要环节。[5] 因此，法律适用能力的培养应当成为法律实践能力培养的核心内容。

（三）法律适用能力培养：以鉴定式行政法案例教学为例

在法科学生法律适用能力培养上，学者们审视我国法学教育的发展时，经常将目光投向以法律适用而非立法为重点的德国法

---

〔1〕　葛云松:《法学教育的理想》，载《中外法学》2014 年第 2 期，第 294 页。

〔2〕　[德] 伯恩·魏德士:《法理学》，丁晓春、吴越译，法律出版社 2013 年版，第 130 页。

〔3〕　Nobert Horn, *Einführung in die Rechtswissenschaft und Rechtsphilosophie*, C. F. Müller 2016, Rn. 163.

〔4〕　Friedrich Giese, *Einführung in die Rechtswissenschaft*, Springer 1948, S. 33 f.

〔5〕　张静:《对法律推理在审判实践中实然状态的思考》，载《成都行政学院学报》2006 年第 4 期，第 32 页。

学教育。[1] 德国大学法学院在学生入学伊始就开始教授鉴定式，利用鉴定技术分析解决法律案件成为德国法科学生所必须熟练掌握的内容。鉴定式案例分析不仅要求学生将所学抽象理论应用于具体案件，还训练其基于中立的立场对不同的法律观点进行讨论和评价的能力。近年来，鉴定式案例分析课程在中国政法大学、华东政法大学等主流法学院得到积极推进并且取得了较好效果。通过鉴定式案例分析技术的训练，巩固学生理论基础，帮助其体系性地掌握实证法规定，培养其法律思维能力和实践技能。对于一直以来被学生误解为政府政策的行政法学科来说，[2] 鉴定式的引入颇有价值。

1. 鉴定式：分析功能

鉴定式并不是单纯的怀疑性或者提问性的写作文体（Schreibestil），而是一种展示问题识别和规范适用，让思考过程和结论可信化的技术。[3] 鉴定式的分析功能是指其以 "设问—定义—涵摄—结论" 为基本步骤，注重逻辑推理论证，本质上属于司法三段论（Justizsyllogismus）的具体运用。作为一种思维方式，鉴定式被运用于每一个涵摄步骤之中，确保规范所列举的法律前提条件都得到审查。[4] 作为寻找结论的方法，鉴定式案例分析技术的意义和目的在于训练写作者在考虑到所有可能性的前

---

〔1〕 葛云松：《法学教育的理想》，载《中外法学》2014 年第 2 期，第 292 页；季红明等：《实践指向的法律人教育与案例分析——比较、反思、行动》，载《北航法律评论》2015 年第 0 期，第 217 页。

〔2〕 胡敏洁：《摆正行政法学研究与政策的关系》，载《中国社会科学报》2019 年 3 月 27 日，第 5 版："当政策遭遇行政法学时，会拓展行政法学的研究疆域，还是会使得本就容易遭到学生'厌弃'的行政法学更加迷失"。

〔3〕 Christine Mix, *Schreiben im Jurastudium*, Böhlen Verlag 2011, S. 42.

〔4〕 Otto Lagodny, *Im Zweifel: Darstellung im Behauptungsstil*, ZJS 2014, S. 157 f.

提下逐步分析案件，以避免写作者因忽略重要观点或者法律问题而草率得出结论。[1] 采用鉴定式审查案件不仅可以减少错误的发生，也保证论证过程的条理性和结论的可理解性。在使用鉴定式分析案件时，学生必须从实证法出发，结合司法裁判和理论学说分析论证，加深对三者的理解；而在将法律规则运用于个案的过程中，训练学生主动运用以法律解释为核心的法学方法论。

2. 鉴定式：识别法律问题

法学教育的核心要务之一在于培养学生识别法律问题的能力。法律意义上的问题（Problem）是指不确定案情是否为法律规范所涵盖，也就是模棱两可的情形。对于法律问题的识别，鉴定式也发挥着重要作用。学生首先必须彻底搜索与案例分析有关的所有重要法律规范。之后对要件特征进行分析和定义，继而与案情进行对比。每个条款的字句都要予以思考，不断考察对案例解决的重要性。一般来说，凡是涵摄出现"失灵"的地方，也就是要件特征不能完美匹配案情或多或少存在着法律问题。[2]

行政法案例分析中识别法律问题的并非易事。尤其是在引入主观公权利理论、重视行政实体法律规范后，课堂教学环境下学生必须寻找不熟悉甚至闻所未闻的行政实体法律规范。这不仅需要学生发挥主观能动性，也需要教师的及时引导，以保障教学顺利进行。

3. 鉴定式：培养体系思维

鉴定式案例分析技术还可以训练学生的体系思维能力。行政法案例的分析往往包含多个法律问题，可以分成若干个子问题

---

〔1〕 Brian Valerius, *Einführung in den Gutachtenstil*, 4. Aufl. 2017, S. 15.
〔2〕 张冬阳：《鉴定技术在行政法案例研习中的应用及其困境》，载《燕大法学教室》2021 年第 2 期，第 64 页。

（这取决于法律问题的复杂度），鉴定式重复性地应用于子问题的回答，直至得出最终结论。[1] 在这一过程中形成有体系的阶层式审查框架（Prüfungsschemata）。阶层式审查框架不仅能够控制法律裁判中的恣意，增强法律解释和适用的一致性、稳定性，[2] 还有益于课堂教学。首先，阶层式审查框架的构建可以让问题分析更加完备全面。借助审查框架，使用者对问题涉及的所有需要考察的要素进行完整收集和列举，并按照作进一步的拆解，从而形成一个涵盖所有问题点的审查体系。[3] 对于使用者来说，只要按照审查框架展开分析，就不会发生问题点被遗漏的情形。其次，阶层式审查框架能够防止无关因素的干扰。在审查框架下对具体要素展开分析和论证之时，只考虑该具体要素构成与否，从而避免其他要素或者考量的干扰。最后，将阶层式审查框架用于课堂教学具有逻辑性和经济性。阶层式审查框架来自现行法律、司法裁判和主流学说所共同组成的法教义学，对于教师授课和学生研习来说，这提供了分析的出发点、思考方向和思维路径。教师和学生只需要遵循这种阶层式审查框架就可以快速地将涉及的所有要素合乎逻辑地排列起来，依次讨论，逐个解决，从而最终实现对讲授内容的全面、清晰和合乎逻辑的分析，也就比较容易形成一直的、可重复、可检验的判断。[4]

在行政法课堂教学体系中引入和构建阶层式审查框架具有重

---

〔1〕 Hannes Beyerbach、Gutachten, *Hilfsgutachten und Gutachtenstil - Bemerkungen zur juristischen Fallbearbeitung*, JA 2014, S. 813 f.

〔2〕 张翔：《宪法教义学初阶》，载《中外法学》2013 年第 5 期，第 924 页。

〔3〕 张翔、田伟：《基本权利案件的审查框架（一）：概论》，载《燕大法学教室》2021 年第 3 期，第 24~25 页。

〔4〕 Frank Rosenkranz, *Sinn und Unsinn des Erlernens von Prüfungsschemata*, JuS 2016, S. 294.

要价值和意义。传统行政诉讼法学课堂教学以《中华人民共和国行政诉讼法》章节为次序进行讲解，这固然体现了法律条文中心主义，但学生在学习结束后对《中华人民共和国行政诉讼法》产生混沌的感觉，这主要表现在：具体问题的分析论证上仍然依靠"法感"，直接使用行政法基本原则和政策方针；忽视实证法的内在构造，导致问题分析论证缺乏逻辑。最高人民法院指出，《中华人民共和国行政诉讼法》第 49 条第 3 项规定的起诉需有事实根据和第 4 项规定的起诉事项属于人民法院受案范围两个法定起诉条件应需优先审查；而基层法院往往忽视这种内在逻辑关系，优先审查原告资格、起诉期限等问题。[1] 最高人民法院对法律适用者的要求应当纳入行政诉讼法课堂教学之中，引入和构建阶层式审查框架，有针对性地降低问题的复杂度，培养学生的逻辑思维和体系思维。例如"起诉是否应当被受理"部分的审查框架为：①具体的诉讼请求和事实根据；②行政诉讼受案范围和管辖；③原告资格；④适格被告；⑤行政复议；⑥起诉期限；⑦ 权利保护必要性。

经过反复训练鉴定式，法科学生会形成相对固定的思维模式，使得其有着共同的知识背景和思维模式，进而使得法律职业共同体真正得以形成。[2] 为促进鉴定式案例教学在我国行政法学科的交流和发展，2021 年 2 月，由中国政法大学法学院主办、行政法研究所承办的"首届'首信杯'全国行政法鉴定式案例研习大赛"顺利举办，大赛主办方收到来自全国 65 所高校学子的上百篇投稿。来自高校和司法实务部门的三十余位专家学者参加

---

〔1〕 最高人民法院（2019）最高法行申 11588 号行政裁定书。
〔2〕 夏昊晗：《作为一种范式的德国法学教育——基于文本的分析和个人的体验》，载《高等教育评论》2016 年第 1 期，第 44 页。

了颁奖典礼暨教学研讨会，热烈讨论鉴定式在行政法课堂教学中的运用。2022 年 1 月，"第二届'首信杯'全国行政法鉴定式案例研习大赛"正式启动。

五、结语

随着社会主义法治国家建设进程的不断推进，培养德法兼修、知行合一的卓越法治人才成为法学教育的重要任务。校外教学因为超越校园场域，效果无法得到有效保障，提升人才培养质量应当主要从课堂教学入手。首先，教学改革上锐意进取，把思想政治教育贯穿卓越法治人才培养的全过程，采取各种措施大力推进课程思政建设，采用"思政案例教学法"和"课程思政联动机制"授课手段提高课程思政内涵融入课堂教学的水平。其次，全面提高课程建设质量，加强课程体系整体设计，从"以教师为本位"转向"以学生为本位"的建构主义教学模式；积极发展"互联网+"课程模式，探索智能教育；组织第二课堂引导学生多读书、深思考、善提问、勤实践。最后，课堂教学应当坚持实践培养人才，创新法律实践教学模式，提升学生法律实践能力。近年来被主流法学院所积极推广的鉴定式案例研习注重逻辑推理论证，培养学生法律适用能力，不仅强调学生主动参与课堂分析案件，更有助于法律职业共同体的形成。

法学实验班学生期待学业导师吗？

——对法学人才培养模式改革实验班 "学业导师制" 的调查与思考

◎蔡乐渭*

摘　要： 法学实验班学业导师制有着良好的初衷，但实施中反映不一，总体上效果不够突出，学生不尽满意。其中存在的问题，既包括制度本身的定位和内容方面的不足，也包括实施过程中未能有力推进，特别是师生之间的联系严重不足，从根本上影响了制度作用的发挥。应在明确制度定位的基础上，通过多方面途径，充实制度内容、丰富指导形式、完善激励与考核机制，推动制度的实施，促进法学教育模式改革，助力法学人才培养。

关键词： 法学实验班　培养模式　学业导师制　改革

＊　蔡乐渭，中国政法大学法学院副教授，法学博士，研究生导师。

2008 年，教育部批准中国政法大学进行法学教育模式改革试点，实施"六年制法学人才培养模式"改革。2010 年，以"六年制法学人才培养模式"为基准模式的"高级法律职业人才培养体制改革"被确定为国家教育体制改革试点项目。迄今，中国政法大学法学院承办的"六年制法学人才培养模式改革实验班"（以下简称"法学实验班"）已走过 10 余年时间。

为加强对法学实验班学生的辅导、提高人才培养质量，学校于 2009 年下发了《中国政法大学法学人才培养模式改革实验班导师制实施办法（试行）》（以下简称《办法》），实行实验班导师制。其后，法学院也制定了《六年制法学人才培养模式改革实验班导师制实施细则》（2020 年 10 月修订，以下简称《细则》），以推进导师制的实施。

经过多年实施，目前对导师制的实施情况，学生反映不一；而对其中的学业导师制，学生的反映总体上似乎并不满意。[1]有鉴于此，本文对学业导师制度进行了调查研究，并在此基础上进行了一些分析和思考。[2]

一、学业导师制的基本情况

（一）何谓学业导师制

《办法》第 3 条规定："实验班实施双导师制。基础学习阶段由专业课教师担任学生的专业导师，应用学习阶段增加法律实务界人士担任学生的实务导师。"《细则》第 3 条规定："法学实验

---

[1] 所谓"学业导师"，来自师生的日常称呼，文件中对此名称用法不一，有称"专业导师"、有称"学习导师"，等。详见下文说明。

[2] 本文论证所用相关事实和数据，多来自教学实践和专门调查，下文对此类情况，不再另加注释。

班实施学习导师、实习导师和论文导师三结合的导师制。"根据上述规定，法学实验班实行导师制，且导师分为两类以上，分别是《办法》所规定的专业导师与实务导师，以及《细则》所规定学习导师、实习导师和论文导师。

在前述对导师的分类中，结合近些年来的实践，实务导师与实习导师的内涵是趋于一致的。论文导师则是在学生进行硕士学位论文写作的阶段，由专业课教师担任的指导论文写作的导师。

在实务导师或实习导师之外，专业导师与学习导师的内涵是否一致呢？根据前述文件的相关规定，两者都应该是指法学实验班学生入学以后，学校为其确定的在本科阶段进行学习、生活指导的导师。法学院发送给教师的有关贯彻导师制的邮件中，对其称谓包括"学业导师""本科生导师""本科生学业导师"。从实践看，无论称"专业导师"还是"学习导师"，抑或"学业导师"，指的都是《办法》和《细则》所规定的实验班学生本科阶段对其学习与生活进行指导的教师，换言之，他们的内涵实质上是一致的。为表述的方便，除引用相关文件时沿用文件中的称呼外，本文统一采用"学业导师"这一称谓，这样既可指称《办法》所称的"专业导师"，也可指称《细则》所称的"学习导师"，同时与日常教学管理实践中的称呼相统一。相应地，所谓的学业导师制则是指"六年制法学人才培养模式"改革的过程中与学业导师相关的制度，包括学业导师的资格、产生、职责、任务、激励、考核等方面内容。

（二）学业导师资格与产生程序

对于学业导师资格，《办法》第 5 条规定，专业导师"应当是中国政法大学在编教师，品行端正，在法律相关领域具有较高的学术造诣和丰富的教学经验，具备高级职称和研究生导师资格"。《细则》则进一步要求，专业导师应"品行端正，思想政治素质过硬，具备高尚的师德师风，热爱学生"。

对于导师产生的程序，《办法》第 6 条规定，专业导师由实验班所在学院从学生入学当年聘任的研究生导师中提供预选名单，经实验班所在学院教学指导委员会审查合格后颁发导师资格证书并公布导师名单；学生专业导师的确定，采取双向选择制；学生根据导师名单选择导师并提出申请，导师根据学生的申请决定是否担任申请人的专业导师；实验班所在学院应当将指导学生的实验班导师名单报教务处备案。《细则》第 6 条进一步规定，法学院导师由所在研究所、教研室推荐，学院进行审查。校外实习导师可向法学院自荐或由法学院邀请聘任。

（三）学业导师职责与具体任务

对于导师的职责，根据《办法》第 4 条规定，导师的职责是帮助学生养成健全的世界观、人生观、价值观，帮助学生树立良好的职业道德和职业操守，帮助学生形成个性化培养方案，帮助学生养成良好的学习习惯和学习方法，为学生提供专业指导，解答学生在学习中遇到的问题。此处的职责既包括专业导师的职责，也包括实务导师的职责。

《细则》第 4 条进一步明确，学习导师的职责是为学生提供专业学习指导，帮助学生形成个性化的培养方案，指导学生日常学习，解答学生在学习中遇到的问题，帮助学生养成良好的学习习惯和学习方法。

与导师的职责要求相配套的是对导师的具体任务与要求。对此，《办法》第 7 条规定，专业导师应当于每学期开学初与学生见面，了解被指导学生的学习情况，并保持经常联系；专业导师与被指导学生每学期至少应当单独面谈或集体指导 3 次。

《细则》第 7 条则对学习导师的具体工作任务有进一步的规定，包括：①导师应与学生交流，确定个人培养计划；②每学期初与学生见面，了解被指导学生学习情况，修订完善个人培养计划；③与学生保持经常联系，学生有畅通渠道能及时向导师反映问题，寻求学习、思想上的帮助；导师能及时发现学生学习、思想上存在的问题；④及时与相关职能部门沟通、协调、交换信息，共同解决学生实际问题；⑤学习导师与被指导的学生每学期应至少单独面谈或集体指导 3 次以上，且面对面指导时间不低于3 小时；⑥学习导师每次指导须有指导记录，记录指导内容、效果或学生意见、思想状况等。

（四）学业导师激励与考核机制

实行导师制意味着给成为导师的教师们分配了工作任务，与之配套，《办法》第 11 条规定了相应的激励机制。包括：发放指导费用，为专业导师提供专门的指导费用；折算工作量，专业导师每指导实验班一名学生，每学期计其他教学工作量 9 学时。《细则》对此也有相应的规定。

对于导师的考核，《办法》规定，专业导师怠于履行职责的，学生可以向实验班所在学院申请更换导师，实验班所在学院也可以主动更换导师。《细则》第 10 条则规定，每学年法学院组织学生对导师进行考核，学生认为导师怠于履行职责，可向学院申请更换导师，学院审查属实的，予以更换。法学院在学年工作考核时，根据学生意见、指导记录等指导工作情况，对导师进行考核，考核不合格的，撤销导师资格，不计相关工作量，学生转其他导师指导。

二、学业导师制及其实施中存在的不足

有关在法学实验班实行学业导师制，相关的规定是明确的，但该制度在实施的过程中，暴露出一些问题。这其中，有些是制度本身的问题，有一些则是如何实施的问题。

（一）学业导师的定位问题

实验班学业导师的定位，相关规定并没有直接予以明确，但一定程度上可从规定内容中间接归纳出来。《办法》第 2 条规定："实验班导师制坚持充分发挥学生主体性和导师辅导作用相结合的原则"。据此，相对于学生自身的"主体性"作用，导师在学生的成长中起到的是"辅导作用"。但尽管如此，《办法》第 3 条规定，导师的职责包括"帮助学生养成健全的世界观、人生观、价值观"，鉴于《办法》规定实验班实行双导师制，除专业导师外还有实务导师，毫无疑问，不可能把"帮助学生养成健全的世界观、人生观、价值观"这一重任全部或主要交给实务导师，故专业导师对此至少是承担同样职责的。由是观之，则学业导师的定位可谓是任重而道远。

也正因《办法》没有明确的规定，现实中出现了导师到底要发挥什么样的作用并不清晰的问题。比如，与《办法》规定的宏大目标不同，《细则》确定的导师的基本职责是"指导学生的专业学习"，[1] 两相比较，可见学业导师到底如何定位即便是在校、院两级的规定中也是并不一致的。

---

〔1〕 详见《细则》第 3 条规定："学习导师由专业课教师担任，在整个六年制培养期间主要指导学生的专业学习"。

（二）学业导师制的一些内容科学性有待加强

大学教师面对的一般都是已经成年的学生，这些学生由其成长阶段和所处环境决定，通常具有独立的个性，追求学习、思考、生活等方面的自由。因此，导师与学生的联系以及对学生的指导，也不宜像中小学师生间那样严格量化、固化。但是，现行学业导师制中的一些规定，却显得弹性不足。比如，《细则》规定"学习导师与被指导的学生每学期应至少单独面谈或集体指导3次以上，且面对面指导时间不低于3小时。学习导师每次指导须有指导记录，记录指导内容、效果或学生意见、思想状况等"。这里所体现的数量要求、形式规定都缺少弹性，其是否符合高等教育的特质，值得商榷。

另外，在对导师的考核方面，《细则》第10条规定："每学年法学院组织学生对导师进行考核，学生认为导师怠于履行职责，可向学院申请更换导师，学院审查属实的，予以更换"。考核当然是必要的，但考核应该由学校和学院对导师进行，考核的主体是学校和学院，细则规定"组织学生对导师进行考核"是否合适有可探讨之处。另外，若学生认为导师怠于履行职责，即可向学院申请更换导师；那么相应地，导师对认为不服从指导的学生，是不是也可拒绝继续担任其导师？否则，形式上担任而实质上不予指导，则对导师、对学生、对制度本身都是不利的。诸如此类内容，本身并非关涉重大，但也说明了目前导师制规定的一些内容之科学性、合理性是有待进一步论证的。

（三）相关文件中的一些规定不清晰、不一致

学业导师制作为一项实施了十余年的制度，其基本内容应该是明确的、协调的。但事实上，学业导师制的一些规定并没有做

到这一点。比如，就导师指导期间而言，如果说指导的内容是导师制的核心，那么对特定学生而言，导师指导期间则是导师制的生命期间，也同样是整个导师制的基本内容。但即便是此种最基本的内容，目前相关规定也是不明确的。《办法》第 7 条规定，专业导师的指导期间为第 1 至 4 学年；《细则》的规定则是，学习导师"在整个六年制培养期间主要指导学生的专业学习"；而学院给导师们的相关邮件中则明确，指导时间是"大一至大三"。这种相互不一致的规定，导致在实践中部分师生无所适从。

(四) 相关内容没有得以严格实施

学业导师制相关内容没有真正得以有效实施，首先体现于该制度未得到全面实施，未达到预期效果。但即便不考虑导师制的整体、全面实施，在一些具体的内容上，目前也同样存在没有得到严格实施的情况。比如，有关导师资格，《办法》规定，需"经实验班所在学院教学指导委员会审查合格后颁发导师资格证书"，但目前来看，这些内容并未得到严格实施。客观而言，这一规定本身并无多少实质意义，甚至与研究生导师资格交叉重复而可予取消，但既然文件有明确规定，实践中却未做到，仍然说明导师制相关内容没有得到严格实施。

(五) 学业导师与学生之间的联系很少

总体上看，目前实验班学业导师与学生之间的联系并不多，甚至可谓是很少。多数情况下，师生每学期可见面一次已属不错，有些甚至一年也难得见上一次。在调查中，高达 46.05% 的同学指出，师生之间完全没有联系。还有学生指出"学校给我分配的导师，只在大一邮件联系过一次，老师给了一个微信号但查无此人，后来就无法联系上了"；与导师沟通良好，得到了所预期指导的学生仅占 17. 11%。作为一项以师生沟通为前提才可发挥作用的制度，居然有近一半的学生与导师完全没有联系，详细数据可见下表 1。

表 1　你认为当前学业导师与学生联系多吗？（　　）［单选题］

选项	小计	比例
A. 完全没有联系	35	46.05%
B. 有时联系，都是老师主动联系学生	16	21.05%
C. 有时联系，都是学生主动联系老师	12	15.79%
D. 与导师沟通良好，得到了所预期的指导	13	17.11%
本题有效填写人次	76	

（六）学业导师的作用没有彰显出来

任何制度的确立与实施，都有其特定的目标，法学实验班实行导师制也同样如此。但目前来看，至少在学生的眼中，导师制与导师并没发挥其足够的作用。在调查中，有 44.74% 的同学认为，学业导师没有在其大学生活中发挥任何作用，这一数字足以说明导师的作用没有彰显出来。即便在占比 39.47% 的同学认为导师对其大学生活有影响的同学中，但这种影响也是并不明确的。只有 15.79% 的同学认为，导师对其大学生活发挥了比较大的影响。另外，也有个别学生认为，大学生活不需要导师介入，详细数据可见下表 2。

表 2　你觉得学业导师对你的大学生活影响大吗？（　）［单选题］

选项	小计	比例
A. 没有任何影响	34	44.74%
B. 有一些影响，但不明确	30	39.47%
C. 有较大影响	12	15.79%
其他：	0	0%
本题有效填写人次	76	

三、为什么学业导师制没有发挥应有作用？

（一）师生对学业导师制了解不足

一项制度要发挥其应有作用，最基本的前提是相关人员了解这一制度，否则就谈不上实施、效果等问题。但就学业导师制而言，无论是教师还是学生，对该制度都没有足够的了解。就教师而言，大部分教师都知道有这一个制度，但对自己应该在其中发挥什么作用、具体有什么职责，了解并不够清晰和深入。就学生而言，问卷调查显示，有 7.89% 的学生根本不知道有这项制度；大部分学生知道这一制度仅仅是因为学校给安排了导师；仅有 6% 的同学深入了解过这一制度并研读过相关文件，详细数据可见下表 3。

表3 你了解法学实验班导师制吗？（   ）[单选题]

选项	小计	比例
A. 根本不知道	6	7.89%
B. 有所了解，因为学校安排了学业导师	64	84.21%
C. 深入了解，研读过《中国政法大学法学人才培养模式改革实验班导师制实施办法（试行）（校教字［2009］第038号）》等文件	6	7.89%
本题有效填写人次	76	

（二）学业导师制缺少内在运行动力

尽管学业导师制实施已久，学校也为学生配备了导师，但学业导师与研究生导师不一样，研究生在其学习的几乎每个阶段，都需要导师的介入，而实验班学生的学习和生活，却少有必须学业导师介入的环节。在此背景下，并考虑到多数学生入学时并不清楚该如何开展大学生活，学生很难懂得联系导师的意义，更缺少主动联系导师的动力；而对导师来说，若学生不主动联系，则他们亦很难会主动去联系学生。

（三）导师与学生联系太少

导师与学生联系太少，不仅是导师制和导师作用不彰的表现、是导师制的问题所在，更是导师制无法发挥作用的最直接原因。在问卷调查中，绝大多数同学（94.74%）认为，目前导师与学生之间联系太少，是导师制作用不彰、导师对学生大学生活影响不大的原因。甚至有同学指出，存在学生请求指导但导师却不愿意进行指导的情形。但从问卷看，并没有答案表明学生期待如何解决这一问题，更无答案表明可如何解决这一问题，如下图 4 所示。

图 4　如果学业导师对你的大学生活影响不大，原因是什么？（　　）［单选题］

选项	小计	比例
A. 师生之间联系太少	72	94.74%
B. 导师不愿给出意见进行指导	1	1.32%
C. 大学生活不需要导师介入	3	3.95%
本题有效填写人次	76	

（四）尚未形成学生主动联系学业导师寻求指导的氛围

导师制本身需要导师与学生双方间的互动，特别是需要学生适时联系导师、寻求导师的指导。基于师生关系的特性，若学生不主动联系导师，则通常难以让导师经常性地主动联系学生。然而，目前的机制未能让学生充分感受到导师指导的意义，从而积极主动地联系导师；更未能在学生之间形成随时联系导师的氛围，养成寻求导师指导的习惯。在调查问卷中，主动联系导师寻求指导的学生只有 15.79%。更有学生指出，"法大的学生都是靠着师兄师姐学习成长，校方和老师对学生的影响真的不大，如果想加强的话还是要努力"。换言之，也即学生通常并不主动联系导师寻求指导。

（五）激励机制不充分

按现有规定，在学业导师制中针对导师的激励机制是存在的，比如说发放指导费和折算工作量。但这种激励，尚不足以直接转化成导师加强对学生指导的动力。比如，很少有导师直接了解实验班学生指导费是多少，即便有所了解，目前的指导费的数额也很难让导师为了该笔指导费本身而更加投入地进行指导。

与此同时，目前的激励机制还存在"无感化"的问题，比如，现行机制不能有效让导师"感觉到"其薪资中包括与实验班学生指导相关的指导费用、"感觉到"考核时计算了相应的工作量。当然，这种情况并不是导师制本身决定的，而是由整体薪酬体系和考核机制决定的。

(六) 考核不严格

本文并不主张、更非强调要单纯地设定各种指标加强对教师的考核。但在类似于实验班学业导师制这样的特定制度中，既然明确了任务，那么相应的考核就是必要的。在缺少考核的情形下，导师与学生间互动情形到底如何，主要取决于导师与学生自身，导师更负责一些、学生更主动一些，则相互间的联系更多一些；相反，若导师不够负责、学生不够主动，则师生联系很少，导师制的作用无从发挥出来。在问卷调查中，有学生就指出"不同导师作用不平衡""有的太水，相当于没有"。

四、关于完善法学实验班学业导师制的建议

(一) 学业导师制有存在的必要吗?

前文分析了学业导师制运行的现状，指出了存在的问题。若此一制度的存在并无实质的意义，甚或产生了与预期相反的效果，那么它的存在就是不必要的。但从常理、从制度运行判断，导师制的问题都不在于其本身没有价值，而在于其没有很好地发

挥作用。从问卷调查看，认为学业导师制没有用处的学生尽管存在，但只占很小比例（9.21%）；绝大部分学生（68.42%）都明确肯定学业导师制的价值，并认为应该予以加强；另有 22.37% 的学生认为"应该给学生选择权，有需要的同学找导师；没有需要的学习不设导师"，这种观点亦非否认学业导师制的价值，而是要求给学生以选择权，如下图 5 所示。

图 5　你觉得实验班学业导师制应如何改革或改进?（　）[单选题]

选项	小计	比例
A. 导师制没什么用处，应该或可以取消	7	9.21%
B. 导师制有一定用处，可进一步加强	52	68.42%
C. 视情而定，给学生选择权，有需要的同学找导师；没有需要的学习不设导师	17	22.37%
本题有效填写人次	76	

（二）进一步明确学业导师的定位

如前所述，对于法学实验班学业导师制和导师本身的定位，目前文件已有所规定，但在大方向之下如何使得定位更贴合实际是必要的。现实恰恰是对导师制与导师的定位既失之过泛，也失之过细。到底导师可发挥什么样的作用，能发挥什么样的作用，要达到什么样的目标，都需要进一步明确。当然，导师制作用与目标到底是什么，需要各方进行充分的研究、探讨，这样才可能作出科学的、符合实际需要的定位。

（三）为学业导师制增加运行的内在动力

毋庸讳言，当前实验班学业导师制没有充分体现其作用，但这不等于学业导师制和导师没有作用。问题的关键在于要让制度真正运行起来，让导师的作用发挥出来，让学生愿意找导师，让预设的制度目标得以实现。

为何研究生导师制可较好运行，而实验班学业导师制则相对不佳？其中存在内在动力的问题：一方面，与不同的导师制中导师扮演的角色、承担的具体职责、发挥的作用相关；另一方面，也与法学实验班学业导师制度还没有形成一种真正意义上的校园文化、学习和思维习惯相关。因此，需要在制度上、在文化上、在机制上发挥导师制的价值，为其增加内在动力，让这一项制度真正有效运行起来，改变当前学生"自然生长"的状况，不再让"法大的学生都是靠着师兄师姐学习成长，校方和老师对学生的影响真的不大"。当然，这一具有内存动力的机制如何确立，则需要进一步的研究。

（四）完善和明确学业导师的职责任务

作为一项制度，学业导师制若要得到有效运行并发挥应有作用，则必须明确相关主体的责任。当前的规章制度，已经对学业导师承担的职责作了规定。但规定了职责与有效规定职责并不是同一个问题。基于高等教育的特性，对学业导师职责的设定不仅应该是明确的，还应该是科学的；不仅应该宏观的，也应该是恰到好处的。有鉴于此，学业导师制对导师职责的规定首先要考虑到是否符合高等教育规律，其次要考虑到是否符合学校和教师实际，再次要考虑到是否符合学生的需要。比如，有关对学业导师指导的量方面的规定，由于有些学生习惯于自我管理，在其不需要的情形之下，强制规定导师每学期与学生见几次面，则不一定受学生的欢迎，甚至可能产生相反作用。有学生在调查中就特别提出，应"继续保持师生关系的自由性，不必增加活动与指标"。再如，当前教师的事务性工作任务已经相当繁重，有些教师也更喜好或适应科研工作，因此，在学业导师工作任务的安排、指导学生数量乃至指导工作的量化规定方面，建议考虑导师自身的情况，在其他条件成熟的情形下，尊重导师是否指导实验班学生的意愿以及指导工作的量化选择。

（五）完善和丰富学业导师的指导方式

按《办法》的规定，当前导师任务重大，包括：①导师的职责是帮助学生养成健全的世界观、人生观、价值观；②帮助学生树立良好的职业道德和职业操守，③帮助学生形成个性化培养方案；④帮助学生养成良好的学习习惯和学习方法，为学生提供专业指导；⑤解答学生在学习中遇到的问题。但这一目标如何实现、任务如何完成，却存在方式方法的问题。而在具体的方式方法之外，首先涉及师生关系的基本模式，即是导师积极主动进行指导，而不考虑学生是否有相关的需要；还是当学生有需要且提出请求时导师方予以指导？

基于高等教育的特质及当前的现状，本文认为，导师在具体的指导方面，以消极指导更为适宜，即待学生有接受指导需要且提出请求后再予指导。事实上，在问卷调查中，对如何改进导师的指导，约 61.84% 的学生认为，导师应"在学生有需要的时候进行学习、生活等方面的指导"。当然，这并不是说学业导师全面处于消极的地位，不需要主动接触学生。事实上，在回答"对学业导师与学生之间的互动形式有什么期待"这一问题时，有71.05%的同学希望"导师应定期组织一定形式的活动"。故，学业导师平时也可设法增加学生联系导师的机会和动力，让学生愿意请教导师、懂得如何请教导师，如下图 6 所示。

图 6　你认为学业导师的作用应该是什么? (　　) [单选题]

选项	小计	比例
A. 进行全面、主动的指导，引导学生开展大学生活	20	26.32%
B. 在学生有需要的时候进行学习、生活等方面的指导	47	61.84%
C. 指导学生的专业学习	9	11.84%
D、不了解、不关心	0	0%
本题有效填写人次	76	

(六) 加强宣导，让学生和导师都充分认识学业导师制及其意义

即如前文指出来的，实验班学业导师制实施至今已有十余年，但教师对此制度的了解总体上并不深入，学生更是被动了解，甚至还有人完全不了解。在此现状之下，要真正发挥学业导师制的作用，促进法学实验班培养模式的完善，有必要加强对导师制的宣导。对导师而言，要让导师了解制度的价值与自己的职责，积极主动地发挥好导师的作用；对学生而言，要让学生了解

导师作为师长甚至作为"过来人",在其成长方面是可起到指导作用的,从而促使他们积极主动地寻求导师的指导。通过这种导师-学生双向度的宣导,真正让导师制发挥其应有的作用。

(七)加强和完善对学业导师的激励与考核

一项制度要发挥其功能,激励与考核机制都是必不可少的。目前实验班学业导师制设计中,并非没有激励,而在于现有激励本身可能是不足的,同时也未能有效让导师感受到这种激励。因此,在加强对导师的激励问题上,一方面,在可能的条件下增加有形激励,比如提高指导费等;另一方面,要让导师感受到激励机制的存在,真正地被激励起来。

就考核制度而言,任何考核客观上都是给被考核者加压,对学业导师的考核,同样也是如此。当前高校教师已然感受到考核的压力,但要发挥学业导师制的作用,必要的考核是不可或缺的。既然已经明确了学业导师的职责,则相应的考核机制必须跟上并且真正运作起来。不过,为避免一味加压导致相反效果,考核应与激励结合起来。比如,可考虑将重点放在对考核优良者的额外奖励上,而非放在对考核不达标者的惩罚上。

附：有关法学院六年制法学人才培养模式改革实验班导师制（学业导师）的调查问卷

说明：1. 本问卷为匿名调查，调查对象为中国政法大学法学实验班在校学生

2. 问卷所称导师指经学院确定的、学生在大一至大三期间的学业导师

3. 每位参与调查者仅可以做一次问卷

一、你了解法学实验班导师制吗?（   ）［单选题］

选项	小计	比例
A. 根本不知道	6	7.89%
B. 有所了解，因为学校安排了学业导师	64	84.21%
C. 深入了解，研读过《中国政法大学法学人才培养模式改革实验班导师制实施办法（试行）（校教字［2009］第 038号）》等文件	6	7.89%
本题有效填写人次	76	

二、你觉得学业导师对你的大学生活影响大吗?( )［单选题］

选项	小计	比例
A. 没有任何影响	34	44.74%
B. 有一些影响，但不明确	30	39.47%
C. 有较大影响	12	15.79%
其他:	0	0%
本题有效填写人次	76	

三、如果学业导师对你的大学生活影响不大，原因是什么?
( )［单选题］

选项	小计	比例
A. 师生之间联系太少	72	94.74%
B. 导师不愿给出意见进行指导	1	1.32%
C. 大学生活不需要导师介入	3	3.95%
本题有效填写人次	76	

四、你认为当前学业导师与学生联系多吗?( )［单选题］

选项	小计	比例
A. 完全没有联系	35	46.05%
B. 有时联系，都是老师主动联系学生	16	21.05%
C. 有时联系，都是学生主动联系老师	12	15.79%

选项	小计	比例
D. 与导师沟通良好，得到了所预期的指导	13	17.11%
本题有效填写人次	76	

五、你对学业导师与学生之间的互动形式有什么期待？（　　）〔单选题〕

选项	小计	比例
A. 导师应主动联系学生	6	7.89%
B. 学生应主动联系导师，请求指导	16	21.05%
C. 导师应定期组织一定形式的活动	54	71.05%
本题有效填写人次	76	

六、你认为学业导师的作用应该是什么？（　　）〔单选题〕

选项	小计	比例
A. 进行全面、主动的指导，引导学生开展大学生活	20	26.32%
B. 在学生有需要的时候进行学习、生活等方面的指导	47	61.84%
C. 指导学生的专业学习	9	11.84%
D. 不了解、不关心	0	0%

续表

选项	小计	比例
本题有效填写人次	76	

七、你觉得实验班学业导师制应如何改革或改进？［单选题］

选项	小计	比例
A. 导师制没什么用处，应该或可以取消	7	9.21%
B. 导师制有一定用处，可进一步加强	52	68.42%
C. 视情而定，给学生选择权，有需要的同学找导师；没有需要的学习不设导师	17	22.37%
本题有效填写人次	76	

八、你对学业导师制有什么意见或建议？（请写在下面）［填空题］

序号	提交答卷时间	来源	答案文本
1	2022/3/2 17：12：01	微信	无
10	2022/3/2 17：16：12	微信	继续保持师生关系的自由性，不必增加活动与指标
20	2022/3/2 17：28：43	微信	老师特别 nice！感谢老师对我们的指导

续表

序号	提交答卷时间	来源	答案文本
22	2022/3/2 17：31：03	微信	挺不错的
25	2022/3/2 17：31：48	微信	导师很好，遇到导师是自己的幸运
28	2022/3/2 17：32：28	微信	感觉存在感太低
33	2022/3/2 17：35：05	微信	希望能够组织统一的活动加强师生之间的交流，明确学业导师的职责
36	2022/3/2 17：37：40	微信	好耶
40	2022/3/2 17：42：37	微信	加强老师与学生间的联系，不同导师作用不平衡
41	2022/3/2 17：43：25	微信	有的太水，相当于没有
42	2022/3/2 17：46：37	微信	请不要安排大学四年离退休的老师担任学业导师，否则老师退休之后完全就不管学生了
44	2022/3/2 18：06：26	微信	无
48	2022/3/2 18：12：30	微信	学校给我分配的导师，只在大一邮件联系过一次，老师给了一个微信号但查无此人，后来就无法联系上了，这个位置就如同虚设了
49	2022/3/2 18：15：10	微信	无
53	2022/3/2 18：19：09	微信	无

续表

序号	提交答卷时间	来源	答案文本
57	2022/3/2 18：26：20	微信	希望老师能更关注学生吧
58	2022/3/2 18：28：01	微信	无
59	2022/3/2 18：30：22	微信	导师从文义上看，是对于学生而言很重要的角色，要是发挥不了作用就取消叭！还有就是，虽然不是所有人都需要，但是需要的人应该会有一定的主动性去联系，法大的学生都是靠着师兄师姐学习成长，校方和老师对学生的影响真的不大，如果想加强的话还是要努力。
65	2022/3/2 19：13：35	微信	希望导师对此重视
66	2022/3/2 19：13：51	微信	从源头出发，希望导师对实验班导师制更加重视
67	2022/3/2 19：16：09	微信	当前学业老师制的效果与老师主观方面有较大关联，周围有些同学的导师明显没有本人导师联系同学多
69	2022/3/2 19：33：11	微信	需要落实
73	2022/3/2 22：33：48	微信	社恐人没什么大事儿不敢去找老师而且确实感觉用处不大，不如一些小院的导师

法律职业

Legal Profession

我国涉外法律服务人才培养机制研究[*]

◎覃华平[**]

摘 要：涉外法律服务人才肩负着实现我国伟大民族复兴的历史使命，但我国目前高水平的涉外法律服务人才数量还相对短缺，不能充分应对目前复杂多变的国际局势。本文将涉外法律服务人才界定为能为我国开展涉外法律工作、参与涉外民商事交往、解决涉外争端提供优质专业服务的人才。文章在厘清涉外法律服务人才培养目标后，从课程体系、学制年限、教学手段等方面展开讨论，并提出具有可操作性的建议措施，以提高涉外法律服务人才培养水平。

关键词：涉外法治 国际法治 涉外法律服务人才

---

[*] 中国政法大学研究生院 2021 年教改项目"涉外法治人才培养方式之情景式教学的运用"成果。

[**] 覃华平，中国政法大学国际法学院副教授。

一、涉外法律服务人才的内涵

涉外法律服务人才是我国涉外法治人才的一个类别，因此在探究其内涵之前有必要对涉外法治人才的概念进行厘清。2014年，党的十八届四中全会通过的《中共中央关于全面推进依法治国若干重大问题的决定》，首次确立了涉外法治的概念。为了落实涉外法治人才的培养，2018年，教育部、中央政法委联合发文，提出了"促开放，构建涉外法治人才培养新格局"。2019年，习近平总书记在中共中央全面依法治国委员会第二次会议上指出，要加快推进中国法域外适用的法律体系建设，加强涉外专业法治人才培养。同年，党的十九届四中全会通过的《中共中央关于坚持和完善中国特色社会主义制度　推进国家治理体系和治理能力现代化若干重大问题的决定》再次强调，加强国际法研究与运用，提高涉外工作法治化水平。在 2020 年 11 月 16 日至 17 日召开的中央全面依法治国工作会议上，习近平总书记提出了"坚持统筹推进国内法治和涉外法治，协调推进国内治理和国际治理"的主张。根据上述文件，可以将我国涉外法治人才定义为德才兼备、具有家国情怀、社会责任和世界眼光、通晓国际法律规则、善于处理国际法律事务的高素质法治人才。经过多年的发展，涉外法治人才的内涵不断丰富发展，有学者认为它包含高素质的法治专门队伍（比如立法、执法、司法队伍）、法学教育研究队伍以及高素质的法律服务队伍，三者缺一不可。[1] 有学者认为涉外法治人才起码有五种类型：国际规则制定的参与者、国

---

〔1〕　黄进：《涉外法治人才，你的舞台无比广阔》，载《光明日报》2022 年 1 月 15 日，第 5 版。

际服务的提供者、全球公共事务的管理者（国际组织中的高层代表和具有影响力的管理者），国际法律理论变革的引领者和国际纠纷的裁决者。[1] 从这些具有代表性的论述可以看出，涉外法治人才至少应当包括能为我国涉外法律事务、涉外民商事交往以及涉外争端解决提供服务的人才。因此本文将涉外法律服务人才界定为能为我国开展涉外法律工作、参与涉外民商事交往、解决涉外争端提供优质专业服务的人才。它包括涉外律师、涉外公证员、涉外仲裁员、涉外调解员、涉外法律援助工作者等人才，和其他类型的涉外法治人才相比，涉外法律服务人才更加强调法律的实践能力和法律服务意识。

二、涉外法律服务人才培养的紧迫性

习近平法治思想关于统筹推进国内法治和涉外法治重要论述产生于两大时代背景：一是中国特色社会主义新时代。党的十九大明确宣布，经过长期努力，中国特色社会主义进入新时代，这是我国发展新的历史方位，这是一个历经磨难的中华民族从站起来、富起来到强起来，奋力实现中华民族伟大复兴的伟大时代。二是世界正经历百年未有之大变局。这是世界经济、政治、社会、文化、生态格局深刻调整、国际形势错综复杂、新冠疫情全球肆虐、非传统安全危机此起彼伏、全球治理体系亟须改革和完善的历史变革时期。与此同时，"一带一路"倡议也处于全面纵深发展状态，在取得辉煌成绩的同时，也面临诸多问题和挑战。过去几年发生的各种类型或大或小的涉外事件对我国涉外法律服

---

〔1〕 曾令良：《中国国际法学话语体系的当代构建》，载《中国社会科学》2011年第 2 期。

务人才队伍提出了严峻考验，这些问题的解决都需要一支高素质的专业涉外法律人才队伍，毫不夸张地说我们国家比以往任何时候都需要高素质的涉外法律服务人才。但另一方面，我国涉外法律服务人才非常短缺，能够熟练从事涉外业务的律师仅 7000 余名，可从事"双反双保"业务的律师仅 500 余人，可在 WTO 机构独立办案的只有 300 余人，这与国家发展战略和社会需求相比，还有很大的提升空间。[1] 因此，无论是维护以国际法为基础的国际秩序，还是推动构建人类命运共同体以及共建"一带一路"，都需要一大批熟悉并善于运用国际法，乃至制定国际规则的涉外法治人才。要充分认识涉外法治人才培养所具有的基础性、战略性、先导性地位和作用。[2]

三、涉外法律服务人才培养目标

涉外法律服务人才是涉外法治人才的一个重要类型，因此，涉外法治人才的培养标准同样适用于涉外法律服务人才的培养。根据 2017 年十九大报告、习近平总书记关于新时代中国特色社会主义以及其在中国政法大学考察时的重要讲话精神，2018 年，教育部、中央政法委员会联合发布了《关于坚持德法兼修实施卓越法治人才教育培养计划 2.0 的意见》（以下简称《2.0 的意见》），涉外法律服务人才的培养标准主要包括以下几方面：

第一，思想标准。我国涉外法律服务人才的培养要以中国特色社会主义理论体系为指导，以适应中国对外开放和经济交往对

---

〔1〕 《法大方案！创新研究生招生模式，探索涉外法治人才培养》，载 https://www.thepaper.cn。
〔2〕 刘仁山：《充分发挥人民法院在涉外法治人才培养中的重要作用》，载《人民法院报》2020 年 10 月 13 日，第 2 版。

高质量涉外法律服务的迫切需求为方向，以广阔的国际视野、卓越的法律素质、扎实的实践能力、深厚的文化底蕴、普世的人文情怀、良好的外语素养为目标，从而促进国家对外交往，保障国家利益，为加快建设社会主义法治国家提供强有力的人才保证和智力支撑。有学者将该思想标准具体概括为："维护国家利益、服务对外交往、具有国际视野、具备综合素质。"[1] 本文对此归纳概括深表赞同。严格讲，涉外法治是我国国内法治的一部分，是国内法治的对外延伸，是国内法治和国际法治沟通的桥梁。涉外法治在国内法治和国际法治之间发挥着桥梁和纽带作用，也发挥着互动和融通作用，但是涉外法治不同于国际法治。习近平总书记强调坚持统筹推进国内法治和涉外法治，其战略目标有三个：一是加强涉外法治工作战略布局，协调推进国内治理和国际治理，更好维护国家主权、安全、发展利益；二是强化法治思维，运用法治方式，有效应对挑战、防范风险，综合利用立法、执法、司法等手段开展对外斗争，坚决维护国家主权、尊严和核心利益；三是坚定维护以联合国为核心的国际体系，坚定维护以国际法为基础的国际秩序，坚定维护以联合国宪章宗旨和原则为基础的国际法基本原则和国际关系基本准则，推动全球治理体系变革和建设，推动构建人类命运共同体。因此，在培养涉外法律服务人才时，我们必须将维护国家利益作为根本，在面对有损国家经济利益、政治利益以及民商事交往利益的大是大非面前，我们应当保持清醒的头脑，把法治摆在更加突出的位置，用规则说话，靠规则行事，坚决维护国家主权、尊严和核心利益，维护我

---

[1] 徐伟功：《我国涉外法治人才培养的标准研究》，载《新文科教育研究》2021年第 4 期。

国企业和公民合法权益，推动全球治理变革，推动构建人类命运共同体。我国涉外法律服务人才应积极利用专业知识，捍卫国家根本利益。

第二，专业标准。涉外法治和国际法治思维是法治思维的具体化，它要求在学习、研究、践行涉外法治和国际法治的过程中，逐渐培养和养成这样一种思维方式和思维技巧，当面对国际事务，包括国际案件、事件、问题时，要基于我国的涉外法律法规、国际法理论知识与国际法的原则、规则和制度，"开动脑筋"，进行分析、比较、归纳、抽象、判断、决策。这就要求涉外法律服务人才必须具备扎实的专业知识、通晓国际规则、善于处理涉外事务。具体而言，涉外法律服务人才必须掌握国内法、国际法以及国际惯例的专业知识，特别是我国批准和加入的国际条约，我们必须有能力准确适用，严格履行条约规定的义务。对于某些国家的国内法，我们也应该有选择性地学习掌握，特别是与我国具有密切民商事交往关系的国家的有关法律。为此，涉外法律服务人才必须掌握至少一门外语。也就是说，对涉外法律服务人才的专业标准是精通至少一门外语并通晓国际法。

第三，素质标准。从事涉外法律服务要以维护国家根本利益为核心，具备专业知识为前提，同时还需要具备相应的综合素质。所谓素质标准，是指涉外法律人才必须具有坚定的社会主义法治信念和较高的法律职业道德水平，具有良好的身心素养、政治素质和职业道德，包括健全的人格、健康的心理、顽强的意志；遵从法律、追求正义；诚实守信、具有高度的社会责任感和服务人民的自觉意识；富有创新意识和开拓精神；具有维护国家主权和保障国家利益，促进国家正常对外交往的大局观。[1]

四、涉外法律服务人才培养涉及的具体问题

培养目标为涉外法律服务人才培养指明了方向，提出了要求，要实现该目标，至少需要从以下方面制定详尽的培养方案，改善培养方式。由于涉外法律服务人才可以细分为不同类型，本文试图以培养涉外民商事争议解决法律人才为例，对涉外法律服务人才培养涉及的具体问题进行分析论证。

第一，科学合理的课程体系。由于培养的对象为涉外民商事争议解决法律人才，因此在设置课程时，首先，需要明确涉外民商事争议的类型，它既包括平等主体之间的民商事争议，也包括国家与私人投资者之间因投资而产生的争议。其次，应当明确涉外民商事争议解决的方式，它包括协商、调解、仲裁、诉讼以及其他所谓的可替代性争议解决机制。再次，需要明确涉外民商事争议解决应具备的专业知识和特定能力，就专业知识而言，它包括国际公法、国际私法、国际经济法、国际民事诉讼与仲裁、国际调解、涉外谈判以及其他与国际法有关的课程；就特定能力而言，它包括沟通合作能力、协商谈判能力、文书写作能力、法律分析能力、逻辑思辨能力、语言表达能力、快速反应能力、跨文化和多语言沟通能力等。最后，需要明确培养的对象不仅包括专业律师，还包括公司法务人员、调解员、仲裁员等，当然这些人员的身份在实践中可以转换。在明确了涉外民商事争议解决法律人才的具体要求后，应当据此设置相应的课程，有学者认为涉外

---

[1]　刘仁山、徐伟功：《中国涉外法律人才培养的若干问题探讨》，载吴汉东主编：《卓越法律人才培养探索》，中国法制出版社 2014 年版。

法治人才的基本要求是"明法"和"精英",[1] 也就是要知晓国际法,并且精通英语。本文对此表示赞同,但认为还应包括"强技"的要求,也就是强化法律实践技能的培养。在厘清培养目标和具体的培养要求后,本文认为涉外民商事争议解决法律人才在课程设置上应当包括如下必修课程:国际公法、国际私法、国际贸易法、国际投资法、国际运输法、国际民事诉讼与仲裁、替代性争议解决、法律检索与写作、专业英语、跨文化冲突与协调。此外,还可以根据实际情况开设一些选修课,比如"一带一路"沿线国家的政治、宗教以及特有的法律制度和人文社科等知识。

第二,符合培养规律的学制年限。从实践来看,真正能够胜任涉外民商事争议解决的人才一般都需要经过一定年限的培养,包括本科四年和研究生三年的学习。本科四年的法律学习可以为涉外民商事争议解决人才打下坚实的法律基础,培养法律思辨能力,养成法治思维习惯。在研究生阶段,再进一步对上述国际法课程体系进行深入、全面、细致的研究,同时培养实践能力,只有经过这样厚基础、宽口径、强技能的培养,才可能具备涉外民商事争议解决法律人才必要的能力和水平。就外语能力的培养而言,英语长期以来都是我国学校教育的第一外国语,学生的英语能力普遍较高。就本人以仲裁员或法官身份参与的国际商事仲裁模拟比赛和国际航空法模拟法庭比赛的经验来看,我国大部分参赛队员的英语听说读写能力都达到了较高水平。因此本文认为,提高学生英语水平的重点应当放在专业法律英语方面,而不应局

---

〔1〕 张法连:《涉外法治专业人才培养需要厘清的几个问题》,载《新文科教育研究》2021 年第 4 期。

限于一般英语。目前，中国政法大学专门在本科设置了"涉外法律人才实验班"，这些学生在满足一定条件后可以直接保送研究生学习。本文认为，这种学制是比较合理的，有利于培养高素质的涉外法律服务人才。

第三，符合实践需求的教学手段。目前我国法学教育主要采取的还是传统的教师讲授、学生聆听的教学模式，特别是在本科学位课或必修课教学中，由于学生人数较多，往往采取的都是教师"满堂灌"的教学方式，这种教学方式有其必要性和现实性，但在培养涉外民商事争议法律人才时会与实践需求相脱节，不能实现人才的培养与需求无缝衔接。也就是说学校培养的人才不能直接为用人单位所用，用人单位还需要花费大量时间精力对毕业生进行培训，这样就增加了用人单位的用工成本，也不利于毕业生的就业竞争。因此，在涉外民商事争议解决法律人才培养的研究生阶段，应当采取更加务实的教学手段和方式，重点培养学生运用法律解决实践问题的能力。为此，本文认为，可以采取以下教学模式：

其一，案例教学法。通过真实的案例使学生接触实践，并运用法律解决实践问题。在案例选取方面尽量选取具有代表性和时效性的案例。比如，我国著名游泳运动员孙杨兴奋剂仲裁案，由于该案采取公开审理方式，因此可以将庭审视频发送给学生，让学生对案件的实体问题和程序问题都做出全面分析，并探讨我们目前教学方面的不足以及解决方案。通过这样的案例还可以激发学生的学习动力和潜力，使其坚信所学必有用武之地。再比如，近年来，尤科斯案也引起了国际社会的极大关注，该案涉及的争议金额巨大。我国目前既是资本输出大国，也是资本输入大国，因此国际投资争议在所难免。通过对尤科斯案的研究，学生不仅能够真切地了解国际投资仲裁程序，而且对于案件涉及的实体问题，包括法律适用、条约解读、证据开示等都有机会全面学习，同时该案双方的代理律师、仲裁庭的组成以及有关专家证人都是国际法领域、特别是国际投资仲裁领域的顶级权威专家学者。学生通过学习研讨这样的案例，不仅能够学到知识，而且还可以树立成为国际权威专家学者的远大目标，以改变我国在该领域人才短缺不足的现实状况。

其二，情景教学法。本文所指的情景教学法也可以称为角色扮演，是指在教学过程中让学生有机会扮演不同的角色，并根据不同的角色讲解法律或相关问题，从而培养学生解决问题的实践能力。比如，教学中可以以国际货物买卖合同为例，让学生经历从合同谈判、签订、履行，到面临争议发生和解决争议全过程。根据情景教学法，学生有机会扮演合同的买方和卖方进行谈判，签订合同条款，包括合同的基本条款和争议解决条款。在这个环节中，买卖双方的谈判代表很可能并非法律人士，他们对合同关注的角度也很有可能不同，此时应重点培养学生的谈判、沟通能力，在基础合同中争取己方利益的最大化。同时也应当提醒学生合同可能面临的各种风险，包括法律风险、政治风险以及其他可能与交易有关的风险，培养学生的风险防范意识。为此，应当提醒学生在谈判和签订合同过程中征求法律人士的专业意见，特别是争议解决条款的拟定。在实践中，当事人在签订合同时处于"新婚期"，往往忽视合同履行风险或对风险估计不足，在拟定争议解决条款时存在随意性，对争议解决条款缺乏必要的调研和评估，从而在争议发生后处于被动状态。因此，在这个环节中，应当告知学生签订一个有效的并符合自身利益需求的争议解决条款在实践中具有举足轻重的地位。为了达此目的，应当提醒学生选择法律专业人才、特别是涉外律师时需要注意的问题，也就是如何选择符合自身利益和交易需求的律师，该环节可以邀请实践部门的人士进行"现身说法"，结合具体案例展开教学。对于合同的履行，一方面应当培养学生诚实信用善意履约的道德观念，另一方面还应培养学生善于保存、收集履约证据的意识和能力，防范将来可能发生的争议，在争议发生时不至于处于不利境地。在争议发生后，需要培养学生解决争议的能力。在这个环节，学生首先应当明确争议解决方式至少包括协商谈判、调解、仲裁、诉讼以及其他有第三方参与的争议解决方式，然后结合案件的具体情况选择不同的争议解决方式。为教学之目的，可以让学生尝试不同的争议解决方式，使学生对不同争议解决方式的程序以及优缺点有比较直观的了解，从而培养其在实践中的取舍能力。该环节需要较多的课时数，以国际商事仲裁为例。学生不仅需要掌握国际商事仲裁的基本理论，包括仲裁协议的要件和法律适用、仲裁条款独立性原则、仲裁庭管辖权的确立、仲裁程序的适用、司法对仲裁的协助与监督等问题，还应当熟悉一般国际商事仲裁的具体程序，包括仲裁的提起、答辩、仲裁庭的组成、证据交换、庭审程序以及庭后程序等。目前被广泛使用的模拟仲裁庭主要培养学生参与仲裁庭审的能力，该环节固然重要，但它只是国际商事仲裁的一部分，事实上还有很多工作决定案件的成败，其中比较重要的是当事人对律师以及仲裁员的选择。优秀专业的律师有能力将当事人的诉求清晰地呈现在仲裁庭面前，同时提供充分的证据和坚实的法律依据，因此能否选择适格的律师将在很大程度上影响案件的结果。在这个环节中，应当培养学生如何选择合适律师的能力，合适的律师并非最优秀的律师，因为当事人还需要考虑案件的具体情况以及成本等因素。对仲裁员的选择也非常重要，俗语云"仲裁的好坏取决于仲裁员的好坏"，因此在这个环节应当培养学生如何选择适合自己案件的仲裁员，考虑的因素不仅包括仲裁员的专业能力，而且还应考察其公正性与独立性。其他事项诸如仲裁机构、仲裁地、仲裁程序、仲裁规则、仲裁语言等当事人应当在签订仲裁条款时予以约定，在教学中，我们将这些问题置于拟定争议解决条款时讲解。综上可以看出，情景式教学不等于模拟法庭或模拟仲裁庭教学，它更全面复杂，从多角度、多身份培养学生的实践操作能力，因此在涉外法律服务人才培养中应当充分加以运用。

其三，理论与实践相结合。国际民商事争议解决具有很强的实践性，仅仅依靠课堂教学是无法达到培养目标的，还需要实践部门的联合培养。联合培养既包括学生在一定时间段内前往实践部门集中实习，也可以采取校内校外双导师制，也就是聘请实践部门的专家作为导师一同培养学生，这两种形式也可以结合使用。集中实习对学生时间要求较高，应当安排在学生完成学校基本教学任务之后，比如研究生的第四学期，而校内外双导师制则比较灵活，校外导师可以随时指导学生，安排学生参与实践案例，实现理论与实践的结合。在采取这种教学模式时，需要注意以下问题：首先，在实践部门的选择上应当与学生培养目标高度契合。也就是要时刻牢记培养的是涉外法律服务人才，实践部门也应当为从事涉外法律服务的公司、律所或其他有关机构，不能随意选择实践部门或单位，避免实践活动流于形式。为此，学校可以和相关部门签署联合培养基地，为学生搭建适格的实践平台，同时对学生的实践予以监督管理。其次，严格遴选适格的校外导师。校外导师不仅应当具备优秀的专业素养和丰富的实践经验，还应当具备兼济天下的家国情怀，以培养国家亟须的涉外法治人才为己任，不能徒有虚名，或者仅将学生作为廉价劳动力使用。为此，学校应当采取一定的措施，定期对校外导师予以考察，对表现优秀者应当予以表彰宣传，不合格者应当及时终止聘任关系。学校还可以定期召开校内外导师共同参加的研讨会，共同探讨学生培养过程中遇到的问题、困难，群策群力，对先进的、科学的做法予以肯定推广，总之大家都为了一个共同目标而努力。最后，加强对学生的监督管理。学校应当设置相应的程序对学生的实习过程进行质量监控，也就是说学生不仅是形式上参与了实习，同时还应保证实习的质量，真正做到有所收获。为此，学校可以要求学生定期报告实习内容，撰写实习心得，并由校内外导师共同审核。总之，理论和实践的教学模式一定要落到实处，避免流于形式。

其四，多元化教学手段。新冠疫情为我们生活的各个方面带来了挑战和冲击，但也提供了创新的机遇，对教育行业亦如此。线上教学成为疫情期间的主要教学手段，很多教学平台也应运而生，包括腾讯会议、学习通、钉钉等。即使疫情好转恢复线下教学后，这些线上平台依然发挥重要作用，比如学习通的很多功能依然可以继续使用，做到线上线下教学良性互动，提高教学效果和质量。此外，还可以采用其他教学手段，包括视频、音频等。以笔者讲授的国际商事仲裁课为例，笔者在教学中既使用了传统的书面材料，也使用了视频、音频等资料，学生除了参与课堂学习和讨论外，还将课后作业，包括文字作业和音频作业上传学习通，这种多元化的教学手段能够比较全面地培养学生的学习能力，且避免了单一教学手段的枯燥乏味，应当予以肯定和推广。

法学国际化人才培养的路径和方法[*]

◎王　萍[**]

　　自 2011 年教育部、中央政法委员会联合发布《关于实施卓越法律人才教育培养计划的若干意见》，十年来我国法学院校在创新卓越法律人才培养机制方面有了很大发展，在多方位落实了加强中外合作办学，培养涉外法律人才的重要决策。国际化法学人才培养是全球化、全球经济一体化背景下的必然趋势，也是各国法学教育发展的热点问题，这既是服务社会的现实需求，也是世界高校排名评价的重要指标。我校近年来推出了一系列国际化法学人才培养模式，如法律硕士学院承办的法律硕士专业学位（涉外律师）研究生培养项目，法学院承办的涉外法律实验班，国际法学院承办的国际法涉

　　* 本文为中国政法大学 2021 年研究生教学改革项目："新时代法治思想指引下商法学创新课程建设"结项成果。
　　** 王萍，中国政法大学法律硕士学院教授，民商法学博士。

外法治人才实验班、与美国圣路易斯华盛顿大学合作培养国际法专业双硕士学位项目等。此外，我校改为三学期制后，除了在正常的秋季、春季两个学期开设外教课程外，还特别利用暑期国际小学期请各国专家集中授课，对提升本校学生的国际视野起到了非常有效的作用。笔者认为，在全球化竞争的背景下，我国现行的教育板块也面临着巨大的调整，K-12 教育市场化趋势受限放缓，职业化教育全面升级，海量国际留学生全面回流，这些都是教育格局变革的契机，尤其对高等教育中最彰显职业主义的法学专业来说，抓住时机开拓可持续发展的新局面迫在眉睫。

一、直面因应法律服务市场变化的法学人才国际化需求

（一）国际化是全球化浪潮下的法学教育发展趋势

当今世界人类社会的发展已经进入了前所未有的共融繁荣时期，世界政治多极化削弱了霸权主义的势力，在资本流动影响下全球市场的高速发展缩小了国家之间经济实力的差异，发达国家和发展中国家的文化差距也在逐步缩小。此外，在互联网广泛运用推动下的全球信息化也使地域文化、制度文明的传播和共享达到了前所未有的水平，新的文化制度变迁的历史时刻已经来临。经济全球化既是当前世界范围内科学技术交流、生活质量追求趋同的必然结果，也是人类社会走向繁荣稳定的基础，经济全球化要求各国法律的趋同化，国内法调整的局限被淡化，国际统一法的影响力日趋加强，国内法立法兼收并蓄、比较融合，为市场的扩张包容服务，其结果将是各国国内法的逐步接近靠拢，规范内容和调整方法趋同统一，实现上层建筑服务经济基础的功能。

经济全球化所引发的制度共性追求，也推动了高等教育的国

际化，激发了各国之间在教育资源方面更广泛的交流。《国家中长期教育改革和发展规划纲要（2010—2020 年）》明确要求："加强国际交流与合作。坚持以开放促改革、促发展。开展多层次、宽领域的教育交流与合作，提高我国教育国际化水平"。据此，全球普遍存在的高等教育专业——法学教育的国际化势在必行。

（二）国际化是人文思维进步在法学学科中的体现

面对法学走向国际化的必然趋势，必须认识到其根本原因是全球化的浪潮带来了更为复杂的法律环境。我们所说的国际化法学教育已经远远不是传统意义上的国际法学习层面。全球化法学教育最基本的意义，被认为是律师需要总体地了解其他法律体系运行的方式，理解他们所代表的当事人在域外面临的问题，以及真正帮助他们解决问题。[1] 更进一步说，法学的国际化不单单是法学迫于世界经济、政治环境的变化所做的妥协，而是人类文明整体进程中一个不可或缺的环节，是顺应世界发展思潮的转变，是人类文明共同体进步的必然。通过法学教育改革、以培养人为载体，实现法学的国际化，也不仅是满足一个专业领域、一个实践行业的发展需要，更重要的是为人类社会的发展提供与时俱进的服务，同时又丰富了人的社会角色内涵。

评估当前世界国际形势，很多行业都需要世界公民（Global Citizen）的培养，人文科学的全球化明显要比在技术领域实现的障碍更多，但是在人文科学领域中的每一点进步，所带来的社会文化效果却要显著得多。美国素有基于文理学院博雅教育背景下

---

〔1〕　Toni M. Fine, "The Globalization of Legal Education in the United States", *The Internationalization of the Practice of Law*, Edited by Jens Drolshammer and Michael Pfeifer, Published by Kluwer Law International, 1 Aug. 2001. P329-372.

的世界公民法律教育系统，基于不同目的针对不同问题在法学教育中建立共通的规则体系，是有一定意义的。[1] 这不仅仅是为了比较法学研究的需要，更重要的原因是背后共通的人性。从我们法律职业领域来看，法学学术首当其冲，需要国际化思维，现在我们有大量"海归"背景的教师和学生，在一定程度上充实了学术研究的资源力量，但仍然不能满足当下的需求。其中既有数量的问题，也有留学国家、所学领域相对集中的问题。而在实务领域目前的国际化人才更是远远不够，各国执业资格的管理，司法体系相对封闭的机制，以及跨国案件集中在高声誉大所等客观条件，确实限制了国际化法学人才"学以制用"的实践机会。且法学领域的知识储备往往具有一定的时效性，需要时时更新，"牛刀"不用易生锈。但笔者认为，这些负面因素的影响，与不理解法律教育国际化的深层次原因有关，作为职业教育的法学，同时也是人文基础学科，和技术类职业教育具有质的差异，就在于其所包含的人文内涵极其丰富，因此要正视法学教育国际化是社会人文思维的进步。

（三）国际化是法治中国建设人才需求的升级

在"习近平法治思想"的引领下，中国进入了"依法治国"的新时代，对法治的重视程度前所未有，法律人才培养的重要性也是前所未有。下一轮指向法治中国的建设，特别提出了创新法治人才培养机制，致力于培养出以职业主义为导向，通晓国际法律规则，善于处理涉外法律事务的涉外法治人才队伍。对于像中国这样一个比较典型的发展中国家来说，走向国际化的坚实步

[1] Martha C. Nussbaum, "Cultivating Humanity In Legal Education", *University of Chicago Law Review* 70 U. Chi. L. Rev. (2003), P265-280.

伐，首先取决于拥有国际核心竞争力的职业化法科人才培养体系的构建。[1] 对培养国际化法学人才的认识不应局限于为法律服务市场提供合格的产品，而是需要具备更新迭代的前瞻意识，在市场需求显现之前，甚至在市场发展阶段来临之前，就有培养具有创新精神和广泛适应能力的人才的意识。在法学人才培养方面，甚至要有现代商业所具备的创造需求的勇气，因为法学的服务对象并不是已经暴露出来的问题，而是一个更加完善并趋于完美的法治社会。从这个意义上说，法学人才的培养应当尽可能突破地域性、阶段性、迫切性的影响，而多一些理想主义的情怀。我们培养的人，不仅是当下社会的"修理工"，更是未来世界的缔造者，而国际化恰恰是在开阔视野方面所做的准备。

正如法学教育专家所言：国际化法学人才的培养目标就是指培养出这样的人才：具有全球意识、国际化视野、世界战略眼光和思维能力，也就是说，他们能在处理具体法律事务时做到"从大处着眼"，这个"大"，就是指能从国际角度和全球高度来分析身边发生的事件，因为国际化视野主要是指站在世界高度形成的一种理念或思维方式，它要求法律人才能主动地把国内国际两个层面的形势联结起来考虑。[2] 笔者认为，只有在高等教育阶段努力营造国际化氛围，通过潜移默化的影响和传承，才能形成了"大"的视野，培育出"从大处着眼"习惯，所有人格和素养的养成往往都不是在一个有限的时间里确定完成的，需要数代人的努力，所以我们一旦认识到未来人类社会发展的某一种趋势，就

〔1〕　杨力：《职业主义导向的国际法科人才培养改革》，载《交大法学》2016 年第 3 期，第 5~19 页。
〔2〕　沈四宝、王斐：《培养国际化法学人才的若干思考》，载《湖南商学院学报》2012 年第 4 期，第 13~16 页。

要提早为未来的变化储备人才。未来法治中国的建设还要走很长的路，但人才需求的升级却是迫在眉睫，而这恰恰正是法学教育改革的契机。

二、充分发挥法学教育的全阶段、职业化优势

（一）法学是高等教育中职业主义最为彰显的领域

现代社会中博雅教育和职业教育已不再是一对相冲突的概念，也不再是教育路径的分歧点，在高等教育中，他们已向着相互补充融合的方向发展，[1] 建立在博雅教育基础上的职业主义，也因此成为现代教育面向专业化社会职业分工的重要理念。职业主义在不同时代、不同教育中的表现形式是不同的。在今天的中国、全球社会背景下，职业主义不再是"二流教育"，而是指将教育的内容与职业衔接，学生不需要再经历就职前的实习和培训，走出校园即可步入职场，甚至独当一面。一般认为德国的教育更倾向于职业主义，而美国的教育更趋向于博雅教育，实际上放在现代社会经济条件背景下，都是不够准确的。美国高等教育中的医生、律师、商学等专业，始终都表现了极强的职业主义，也都是本科后教育（Post-Graduate）或者说以研究生教育为起点，足见均以博雅教育的基础为前提。

反思过往，我们对职业主义的认知存在偏狭的倾向，实际上职业主义本身更符合"学以致用"的精神，避免学术研究过于强调服务逻辑和体系。两大法系融合，世界交易规则的趋同，是理性主义和经验主义两种立法模式向职业主义妥协的现实，也正是

---

〔1〕 彭桂芳：《论博雅教育与职业教育的关系》，载《吉首大学学报（社会科学版）》2009 年第 4 期，第 174~175 页。

国际化所带来的必然性。传统上,以理论体系构建为基础的法学教育,便于传播,易于传承,概念内涵的确定和逻辑推导的规则,绝对有益于法律规则确定性和稳定性的保障。这也是为什么,即便以经验主义为精髓的判例法体系,依然多在教学中注入学术研究的方法。专业学校提供的职业化法学教育常被病诟为"已假定学术研究产生有用的专业知识,并且专业知识在学校教授的优势让学生为满足实际需求做好实践准备。而这两种假设都越来越多地出现问题"。[1] 该文还非常犀利地指出:在法学院中,理论课程很少能真正解决律师所面临的问题。

当然,还有更重要的一点,就是互联网的普及,大量知识信息资源的共享,使理论学习的便利得到了前所未有的膨胀,高等学校教育,尤其是实践性科学的教育方式如果不做革命性调整,仍仅限于学术性教学和科研型发展,与社会脱节的现象将会愈演愈烈,大学的功能也会面临更多的挑战。法学作为最为显著的高等职业教育专业之一,应当率先垂范,突破用思考者的逻辑来培训执业者(practitioner)的误区,创造自己的专业人士培养体系。

(二)法学是高等教育中可贯穿所有级别学位且完全可以下延外扩的专业

在职业教育中,法学教育几乎独树一帜,具有专业融合的效果,也具有行业渗透的功能,即我们常说的"万金油"。所以法学教育的定位往往是根据观察者的视角来转换的,从我们目前的本科专业设计来看,法学教育是多方面的,比专业教育更接近研究生文科教育。但从英美的法学教育体系,及我们的法律硕士学

---

[1] Richard K. Neumann Jr., "Donald Schon, the Reflective Practitioner, and the Comparative Failures of Legal Education," *Clinical Law Review* 6, no. 2 (Spring 2000), P401-426.

位设置来看，也可以认为法学教育更适合理工科背景的学生兼修，这种双学位教学方式在理工科高校的适用性远远超过其他类型高校，因为法学学科拥有天然的包容性，它可与各个专业相互融合，从而使之在理工科院校的发展特色更加明显。[1] 法学专业本身，也因为部门法所涉领域众多，二级专业划分差异较大，即便同一专业不同方向也未必能够直接兼容等客观现实，导致高校的法学人才培养本身就要同时包含通才和专才的培养过程，而不像很多专业的学生在学校达到通才博学，从业后再涉足实践领域，不需要进行反思性实践教学。

另一方向，融合性又决定了法学实际上并不以专业人士、职业训练为唯一目标，公民通识、青少年普法、劳动者保护意识提升、职业风险防范（如医院、养老机构、未成年教育场所）、商事主体管理层职业操守建立，甚至普通夫妻家庭财产的共享与分割，社会生活各方面都离不开法律知识，虽然这些目标并非都要依靠高校的法学教育资源来实现，但高校确实更有优势去满足这些社会需求。这也就是说，高校法学专业院系可以为社会各界提供不同层次学历教育和培训服务，这种多层次性不仅适用于本国学子对域外法律资源的学习和研究，同时也适用于海外和境内的外国人对本国法律资源的需求。

对于国内学子学习域外法的课程设置将在后文讨论，此处先探讨针对境外人士的国际教育项目。从目前国内高校所开设的国际化教育项目来看，很显然覆盖率是相当不够的。从师资条件来看，随着大量法学专业海归人才，尤其是在美国取得 SJD 学位的

---

〔1〕 蒋昊君，《"双一流"建设视域下理工科高校法学人才培养国际化研究》，载《法制与社会》2020 年第 2 期，第 191~192 页。

青年学者人数激增，回国后普遍在高校就业，目前法学 A 类大学开设国际课程的条件已经非常充分。从学历设置上来看，法学本科、硕士和博士三个学历阶段，虽然均有针对海外人员招生，但没有单独的教学规划和学历设置，除了入学考试外与国内同学学习过程无异，这个通道无疑并不适合没有中文基础的求学者。此外，国内部分高校开设了专为海外法科留学生和法律专业人员开设的中国法 LLM 项目，其能够为所开设的课程提供所有全英文课程；同时，还包括由司法机构、律师事务所和跨国公司的资深法律专家提供的专题讲座，以及在知名律师事务所、跨国公司的现场教学和实习环节。当然，与国外部分同类课程学位项目有所不同的是，所有学生完成课程之外，还需提交一篇有关中国法的论文并须通过论文答辩才能申请获取中国硕士学位。目前这个机制似有所松动，论文的主题并不限于中国法的范畴，所用语言也可以扩及英语等较高通用程度的语言，虽增加了评审的难度，但对学位申请者来说相对更具可行性。

（三）全阶段和职业化使法学的国际化更加具有多元拓展的空间

如前所述，法学教育虽然在传统上一直归属于高等教育，而且是职业教育，且需具备相应的资格证书方可执业，但也有其自身的特点，包括需求的广泛性和应用的全球化，这些都是法学教育得以多元化拓展的基础。应全球化经济社会的改变，为表达在法学教育上的呼应，不同的法学院主要有两种作法：一种学校倾向于对变化采取最小考量的态度，毕竟律师们首要面对的是国内法的问题，所谓国际化的问题其实只是翻译的问题。另一种学校则不认为国际化仅仅是翻译的问题。创新性的观点认为应当培养应对即将发生的大变局的律师。他们认为理解当事人的文化价值取向，对于建立良好的职业关系是非常必要的。应当通过很多方式提高法学教育的国际化程度，如增加课程、聘请国际教师、资助更多的国际学术项目，开放加强国际联系的研究中心，建立国际联络网络等。[1] 很显然，我们当下所讨论的法学教育国际化是指后者，即对法律相关职业更广泛的适应性所做的教育培训准备，而不仅仅是翻译域外法的现行规则。也就是说，真正的法学教育的国际化，一定要走出学术圈，要真正运用于国际市场、全球贸易的实务中，显然是远超翻译和解释的范畴的。

基于上述理解，法学教育的国际化应当走向更宽的口径，应当面向更大的服务市场，那么人才培养模式的创新多样，教学机制的变革多元都是必不可少的过程。从当前高校涉外法律人才培养计划的实施现状来看，虽然各种"实验班"的推出有如雨后春笋，但在深层次的人才培养机制方面却仍然存在诸多长期积压的问题，这些问题主要包括：培养目标定位宽泛、教材开发相对不足、课程体系设置陈旧、人才培养模式单一等。上述问题严重制约了涉外法律人才培养的效率，必将在人才储备层面严重影响我国进一步扩大对外开放的总体战略。[2] 正如前述论及的法学专业本身全阶段和职业化的特点，恰恰需要设定更多具体的培养目标，并设计出更多细化的培养方案。我们常常有一个误解，社会的人才需求更多元更丰富了，每个人才就需要掌握更多不同门类

---

〔1〕 Claudio Grossman, "Building the World Community: Challenges to Legal Education and the WCL Experience," *American University International Law Review* 17, no. 4 (2003), P815~856.

〔2〕 李建忠：《论高校涉外法律人才培养机制的完善》，《浙江理工大学学报（社会科学版）》2017 年第 4 期，第 356~364 页。

的技能，把钻研一个专业的时间拿来学习不同专业的知识。实际上恰恰相反，我们在人才培养中能够养成触类旁通的能力固然是好，但细化培养目标，精准回应实务人才的市场需求，专向提升培养对象的认知水平，并创造分阶段性职业化教育的循环系统才是关键。比如美国东部大学林立，竞争激烈，各学校都有独树一帜的教学体系，有很多针对职业后教育的学位和项目，类似我们高校的继续教育，利用夜间或周末等工作外的时间授课。所不同的是，授课的内容和职业前教育的内容迥异，甚至授课教师也往往都是实务界经验丰富的领袖人物，担任大学的兼职教授或讲座教授。因此，笔者认为，法学教育国际化所提出的挑战，针对的是大学教育体系在开放性和应用性方面的革新，而这个方向恰恰是与法学教育的全阶段和职业化特点更加吻合，更适合在法学教育领域率先推行。

三、政策引导、资源适配，合理推进法学教育国际化

（一）明确指导思想、坚持国家统筹

1. 提升对国际化战略的认识

诚然，《国家中长期教育改革和发展规划纲要（2010—2020年）》提出了高等教育国际化目标，《关于实施卓越法律人才教育培养计划的若干意见》给出了培养方向，法学教育的国际化已经得到了强有力的政策支持。但我们同时也要看到，上述两份文件颁行已逾十年，在日新月异的时代变迁背景下，持续升级的政策支持、与时俱进的制度建设，不容懈怠的教育指导始终是教育管理部门一直在做且一直不能停的使命。我们需要在教育理念上形成一致共识，高校需要进一步改革人才培养的模式和方法，坚

持国际化的办学模式规划，把培养顶端能"走出去"型国际法律人才作为培养应用复合型涉外法律职业人才的标准。通过管理国际化工程、教师队伍国际化工程、学生国际化培养工程、国际化课程体系工程等七方面的工作加快推进法学教育的国际化进程。[1] 很显然，教育的国际化以教学为核心但绝不限于教学的领域，需要重视国际化趋势的意义，以更加宏观的战略思维，为实现国际化全方位地提升管理水平，营造系统的国际化教育环境，这不仅仅是法学人才培养需要具备的建设条件，同时也适用于其他专业的。

2. 提高对国际市场的渗透力

对于部门法繁多，专业方向纷呈的法学专业来说，简单地提法学国际化人才的培养是一个相对宏观的概念，实际上在法学专业领域内也完全存在着"隔行如隔山"的情况，例如请一位家事法的律师参与商事谈判，他对于商事风险的预测和判断就有可能不到位。而若商事谈判再涉及互联网行业或知识产权领域，则需要的背景知识会更多。同样，让一位从事跨国商事谈判的律师去处理跨国婚姻案例，一样也会有力所不逮之处。从部门法和业务范围来看，国际化人才的培养需要有一定的方向性，简单地说就是以国际商事律师的培养为重点，提高对国际市场的渗透力。当然，哪怕仅就国际商事律师也不能概而言之，实际上国际商事律师的塑造也有两方面：一方面是要充分认识到国际商事律师职业和身份本身所具有的多重性。例如在并购、资本市场、税收筹划、IT、国际诉讼和仲裁等前沿领域，国际商事律师的工作对当

---

〔1〕 付子堂：《法学教育该怎样走向国际化?》，载《中国教育报》2010 年 9 月 22 日，第 4 版。

今全球化进程的重要性不可低估。而这些领域虽同属商界却专攻各异，因而业务的精专是国际商事律师教育培养的一个很重要的标准。当然某些经验性确实是需要在业务过程中逐渐积累的，但是因为商事风险之大且不可逆性，不像民事损害较易于通过赔偿解决，客户对以自己的商业机会交学费的行为容忍度也更低，因此尽早确定服务领域和前置培训过程都是必要的。另一方面，当代商事律师还需要考虑环境保护和维护社会公平秩序等更具国际性和社会性的命题，这也是商事律师培养的一个方向或者说一个层次。例如国际环境律师可能会注意到贸易与环境制度之间的不兼容性，尤其是将一个商业模式放在 10 年甚至 50 年的长期限内观察，赢利的可持续性和商主体永续性的实现，需要跨学科的综合判断能力。例如，跨卫星覆盖范围的娱乐行业产品不受控制的流动以及由此产生的公共政策，还有知识产权保护或财务管理问题。简而言之，国际化和不同国家不同领域之间的复杂相互作用已经以一种难以掌握或分析的方式出现，国际化法学人才的培养不光是一个跨地域、跨法系的问题，更需要具有前瞻性的跨学科规划。

3. 增加对海外法律学人的吸引力

国际化人才的培养是双向的，一方面是我们自己培养的本土人才具有"走出去"的能力，另一方面是吸引海外法律学人加深对我国法律体系和制度基础的了解，更重要的意义在于提升我国的国际形象，将我们的"制度自信"传播出去。从世界一流大学的评价指标来看，国际留学生的数量也是一个评价标准，而我们目前在吸引国际留学生方面，很明显无论是从数量还是生源质量来看都还在"拖后腿"的阶段，通过全方位的措施大力吸引国际留学生是非常紧迫的任务。依笔者从事高校国际交流事务的工作经验来看，实际上现在国家的各种奖学金项目、经济资助都是非常充分的，也有相当大的吸引力。境外高校与我们合作的热情也很高，不光很多国际著名的学者愿意来中国授课讲座，学生们也对崛起中的中国很有兴趣。唯一的问题在于我们吸引留学生的项目规划不够细致，在国际留学市场上，我们确实存在语言方面的劣势，比起美国大学向国际学生提供的丰富的学制的设计，我们首先要绕开国际留学生与本国学生"同课共考"的困难，[1] 让留学生有机会涉足自己学得会、够得着、有收获的项目。另外在所获学历规划上，也要为他们提供能与本国制度接轨的学历，如美国法学院为国际留学生提供基本上专属于他们的 SJD（或称JSD）项目，以满足 JD 学制无法满足法学博士学习阶段要求的问题。而我们目前法学专业能够为国际留学生提供的学位，几乎没有跟英美国家接轨的学位，唯一称谓相同的 LLM 学位，在他国也是为国际生提供的，该学位的意义更多取决于学生来源国对该学历的接受度。当然，美国的国际生项目取得的学历，也可以参加律师资格考试并可在该国执业也是其一个优势。相比较来说，在我们的法学院取得 LLM 学位，如果在学生来源国没有相对应的学位，既不能在我国参加律师资格考试、执业，也不能回本国进入法律职业领域，就大大降低了这种教育资源供给的实际意义。因此，笔者认为，在服务法科国际留学生方面，我们还需要做很多

---

　　〔1〕　目前我们对国际留学生的招生，虽然适用不同的招生标准和入学考试，但是入校后大部分是与国内同学共同学习，语言基础无疑会成为专业学习的巨大障碍。现在普遍存在的问题是对国际留学生单独授课的比例明显过低，我校仅国际教育学院负责组织不同学院的教师为国际生单独用英文授课，同时学院的管理工作有时候也会受到国际生数量的限制，存在双向的困难。

细致的规划，需要国家政策的支持，以及与国外高校和法律执业机构的合作与互认。例如：目前我国部分地区的高校除了提供从法学本科到 PHD 的学位外，还提供 LLM、JD、SJD 学制，前者与国内学历制度接轨，后者与美国法学院学历完全接轨的，对学生来说可适度就要高得多。但是仅仅有学历还是不够的，如果不是美国律师协会（ABA）认证的学校，学生即便取得相应的学历仍然没有参加律师考试的资格，甚至不能通过转学进入获得认证的大学。实际上，这些都是我们在法学教育国际化过程中已经存在的障碍，这也说明这项工作远没有想象得那么简单。

（二）同时发挥体制和市场机制服务法学教育国际化

1. 发挥体制优势、统筹布局

在探讨教育国际化的过程中，我们一直反复强调法学教育国际化绝对不是语言的问题，也不是单纯的学生国际流动性的问题，而更重要的是面对全球化市场在法学教育结构上的调整。相比较英、美等大学私立教育和公立教育并行，大学重传统但革新慢的缺陷。我们高等教育均为公立教育，尤其是在国家 211、985等项目规划内的大学，不仅有很强的学术基础和资源积累，而且在教育行政管理部门的统一管理之下，普遍具有几乎相同的发展阶段、步调和管理模式。这种体制的优势表现在统筹布局上的高效，教学模式推广上的便利，以及资源分布的相对均衡。加上我国法制本来就具有统一性，没有联邦制所谓的立法权、司法权分层的问题，这就使我们法学教育的统一规划更加便利，高等教育管理者大有作为。基于上述体制优势，我们要积极重塑法学课程体系，深化法学教育教学改革，迎合法学教育国际化的趋势。比如，结合国家重大战略发展的现实需求，提升国际法和商事法的学科地位；增强培养模式创新和差异化发展理念，将培养国际化复合型的应用类法律人才明确为教育目标；探索中外合作培养机制，强化涉外实践教学，注重对学生基础能力和实践能力的双向发展等。[1] 学者分享汕头大学法学院国际化人才培养的经验，主要集中"师、语、书、生、向、业"六要素的改革：师资队伍、双语教学、教材图书、学生活动、专业方向、毕业去向的国际化。[2]

2. 汇集市场资源，充分利用法律市场培养国际化人才

以往我们一谈到法学教育或者更大范畴的高等教育，总是把唯一的焦点放在高校，但是正如前述论及，法学教育最大的特点是职业化，学术训练对专业化从业是有帮助的，但与职业化标准还有相当大的距离。国际化法律人才尤其是跨国律师的培养，必须借助法律服务市场的力量，当然也包括法学院的案例、诊所课程等实务类培训教学，但这些课程都离不开有经验的律师指导和带领。美国的研究生项目一般在以下几个方面进行对跨国律师的培养：给跨国律师提供专业的社交网络；在实习以及商务语言等方面，法学院往往有充分的公信力，让学生有能力和国际大律师事务所的业务衔接；他们给毕业生提供的进入国际法律服务市场的术语体系，也是非常重要的一个方面。[3] 从美国的经验来看，公信力和实习机会是国际化人才培养的核心。由于法律职业本身

---

〔1〕 杨立民：《新时代涉外商事法律人才的需求与培养》，载《国际商报》2020年10月13日，第7版。

〔2〕 杜钢建：《国际化法学人才培养模式的探索》，载《中国大学教学》2008年第3期，第65~67页。

〔3〕 Carole Silver, "Internationalizing U. S. Legal Education: A Report on the Education of Transnational Lawyers," *Cardozo Journal of International and Comparative Law* 14, no. 1 (Spring 2006), P143-176.

以法学院教育为基本门槛，因而法律服务市场都是法学院的毕业生，公信力应该不是一个需要学习的经验。而法学院与大型跨国律师事务所接洽合作，为学生提供一些专项的实习机会则是未来需要努力的方向。实际上律师事务所和法学院的合作一直是双向的，他们也期待着法学院能够推荐一些合适的人才加盟。

此外美国法学院在应对跨国律师培养方面，也适用了情境分析的教学方法，该方法不是从法律方法的假设或蓝图出发，而是激励律师以系统的方式从她的个人和独特的角度审视她的职业。情境分析需要追踪律师在实践中的工作的语境协调，并将它们与法律所提供的约束结构联系起来，形成从不同的区域到不同的区域认识论，从而提供其跨国执行业务的能力。这种真实展现和评估律师工作的方法，也是形成律师个性化服务、适应不同环境的重要途径。

3. 集五洲师资，汇四海学人

除制度供给、资源整合提供外部条件之外，法学院人员结构的变化，也需要有目标的统筹规划。法学院的"人"无外乎师资和学生两大部分。从师资方面来看，目前我们的法学院在培养中方教师和吸引外籍教师两方面都做得不错，这是因为整个国家的教育国际化战略本身提供了很多政策便利，而且法律服务市场的国际化需求也是法学界国际交流的新动力。如果说过去我们法学跟理工科相比缺乏国际的共同语言的话，现在情况已经发生了颠覆性的变化，当前国际关系在制度借鉴和共享方面发展很快，反而在技术保护方面加强了壁垒。这是因为在互联网环境下技术互相学习太便利成本太低了，这对开发者是极其不公平的。而制度却恰恰相反，先进制度的传播和学习，反而是对技术专属性保护的手段之一。

从师资方面来看，目前国内法学院在国际化课程授课任务完成方面并没有太大压力。一方面，目前国内一流法学院中留学归来的学者比例相当高，他们完全可以采用双语授课形式（如我校现在仅民商法专业本科或研究生课程有英语、德语、日语、法语、韩语课程安排），而且这些"海归"大部分也都有在国内接受法学教育的背景，还持有法律职业资格证书。无论在学术训练还是实务技能方面都能给予学生充分的教学指导。与之相辅相成的是我们聘用的大量外籍教师（教育部等教育主管部门的专项支持和学校的引进人才计划等都有很好的安排），他们可以向我们的法科生们传授不同法系的前沿研究成果、专业发展动态和跨文化、差异社会背景的专业问题。自 2019 年疫情以来，全球网课的经验，也为跨国法学教育提供了非常好的经验和平台。虽然从学生的体验来看，少了对当地社会生活的感性认知是一种遗憾，但无论怎样对全球教育资源的整合的确是非常有益的。另一方面，受"辛辛那提模式"的影响，全球法学院都开始推行兼职、校外导师合作授课。[1] 在国际化教育中聘请有跨国业务经验的兼职教授和校外导师，直接针对学生的涉外法务实操培训，不仅可以让涉外律师们分享经验，学生们汲取养分，也在二者之间提供了实习、就业等衔接机会，可谓一举多得。

---

〔1〕 从 1996 年美国的赫尔曼·施奈德在辛辛那提大学创建第一个合作教育计划后，在全球很快风行开来的校内外师资合作的，并且它已成为全世界包括法科院校在内的几乎所有大学比较常见的一种方式。杨力：《职业主义导向的国际法科人才培养改革》，载《交大法学》2016 年第 3 期，第 5~19 页。

四、精心设计法学教育国际化实现路径

（一）确立以学位教育为主体的多层次培养目标

1. 通过多层次培养目标满足全专业覆盖度的国际化需求

国际化在纵向理解是一个漫长的发展历程，横向理解则更是一个涉及面非常广的立体工程。所以当我们提及法学教育国际化时，不应当简单地把它理解为在现有的学制、学历体系里增加涉外的因素，而应当有全面地提升和改革法学教育整个学制及所涉培养计划的准备。首先应当在思想上明确，培养目标的设定与调整的前提是国际上对涉外法律人才国际化的能力水平、国际化的知识结构的需求。近年来，随着经济全球化的程度不断加深，存在着能够参与国际化事务的高水平法律人才紧缺的现实困境，探索国际化法治人才培养，是对国家层面的"一路一带"的经济发展政策的积极响应。[1]

那么要落实上述的国家策略，就需要结合不同的国际化需求增设相应的学位、学制和项目。例如我们现在已经有的与国外大学的"双学位"法学硕士学位项目，以及涉外法律硕士培养项目，从招生开始就有定向培养目标，学历、学制均有前所未有的创新，对学生来说这种求学生涯也是一种全新的人生体验。从目前批准的项目层次和数量来说，这部分供给肯定还是远远不够的，比如一带一路人才培养，可能不是与国外大学合作的问题，毕竟我们主要的合作对象是欧美的一流大学，他们自己也在类似

---

〔1〕　王印：《国际化教育背景下应用型法治人才供给能力培养研究》，载《科教文汇（中旬刊）》2017 年第 2 期，第 29~30 页。

项目的探索之中[1]。所以在相关法律人才培养上，我们更多的应当考虑跟"一代一路"国家的政府合作，通过给我们的学生提供实习和培训的机会，完成这部分学生的专业训练。另外前已有述，我们在学历设计上，无论是培养本国的国际化人才还是吸引外国留学生，均需考虑与域外学历接轨的问题；不管是我们培养的学生有去境外深造还是就业的需求，如果能有可以对应的学历背景，自然更有益于提升对方社会的接受度。近年来亚洲多个国家都存在法学教育体制的变革，日本和韩国实施的 Law School 学制，就是国际化改革的方式。

2. 通过多层次培养目标满足法科生背景和人生规划差异性需求

法学教育所面对的市场需求和人才自我成长需求的协调，也是我们以往在法学教育中比较容易忽视的一个方面，可以说法学教育历来重视的是法律服务市场需求，当然这也是职业教育最根本的目标，其本身是无可厚非的。但是正如我们提到国际化法学人才的培养，具有需求的独立性之特点，简单地说，我们不可能对学习不同国家的法律、未来在不同国家执业、和具有不同地域性、行业性特点的跨国企业打交道的法律执业者，做出统一的培训规划。所以法学院在对国际法律服务市场做出自己的趋势判断的同时，还必须考虑法科学生、不同阶段学员自身的需求，这也是所谓"国际化"非常复杂的一个方面。国际化法学人才要求"培养法律人能够认识理解'法'在社会应有之机能为何，使其

---

　　〔1〕　牛津大学于 2017 年 9 月 13 日举行"一带一路"高峰论坛，同时，由牛津大学法律系发起的牛津大学"一带一路"项目正式启动，论坛可以说是对"一带一路"法律人才培养的领军行动。

在面对具体问题时，有予以分析判断之能力"。国际化法学人才要具有全面的立体的知识结构和实践能力，包括理解本国法，又不拘泥于本国法；能够在今后的工作中向外国或相关人士解释本国法。让他国人士了解本国法的意义在于，当你参与他国法律事端、解决法律问题时，避免不必要的质问带来的麻烦。[1]

从近两年与美国法学院的交流经验来看，他们的学生更喜欢在完成自己在本国的学业阶段内，到外国去学习不同的法律制度，拓展视野的同时，也历练自己的生存能力。但他们能够接受的培训时间一般为"短期"的，而且最好有前置的语言培训，这样既不会影响他们在本国的学制，同时也通过本次学习积累未来深入学习或实践的基础。而相反，我们的学生到境外去学习，往往更大程度希望取得对方国家的学位甚至法律职业资格，同时也不影响自己在本国的学历教育进程，学习前的语言准备一般也很充分，所以双学位（包括实习阶段）的项目机制就更适合我国涉外人才的培养。

3. 多层次培养目标以全方位资源支持为条件

前述已经讨论过教育主管部门应当就全面国际化法治人才培养制定细致可行的专业、学位、学制规划，这是多层次培养目标得以实现的最重要的条件，也是我国现行高等法学教育的优势所在，通过集中统筹、顶层设计完成的规划，更具有宏观全面的特点，在前瞻性、稳定性方面也更有保障。另一方面，我们还要认识到，宏观政策供给只是一个方面，毕竟具体到各个高校，专业布局差异较大，不同的地域、法院院系不同的发展阶段，不同的

---

〔1〕　陈雪萍、沈四宝：《国际化法学人才培养要过"两关"》，载《中国大学教学》2010 年第 3 期，第 22~24 页。

法律师资力量、不同的国外合作对象、可对接的国内市场资源等因素，都非常具有个性化和时效性，因而在设立和完成国际化项目的过程中，只有因时因地因校因人制宜，方可达成目标。其中包括但不限于"还需要在教学资源建设、信息化平台建设、师资队伍建设、教学方法改革、考试考核方式改革等方面进行进一步探索和研究。高校（专业）在建设国际化试点专业过程中不可避免地需要学校层面和院系层面在政策、资金、场地等支持"。[1]

以我校涉外法律硕士为例，从招生时的外语要求、入学考试时单独的外语测试，在学期间合作院校的匹配、境外师资的配置、学术导师、校外导师的安排、实习机会的提供、课程体系的调整、上课方式的选择、教学方法的革新等教学资源配置，一直到最后的毕业考核（是时候认真考虑对硕士尤其是法律硕士是否一概要求以学术论文作为毕业考核标准了），就业指导等，每个环节都要精心打造。法学国际化人才的培养计划绝不仅仅是定个目标，排些课程那么简单，而是一个以人为本的"流水线"，因人而异的"高端定制"品，不过我们的工作不是为了打造自己的品牌，而是为了打造别人的人生，尽一切可能把我们的培养对象送上国际大舞台，人生制高点。所以说我们现在最大的问题不是不知道要培养什么样的人，而是在培养环节上过于追求统一标准，实际上这也是我们高等教育最需要检讨的地方，由于校内资源（比如教室）、课时设定（比如每门课的课时、每节课的时长、教学课时认定的标准……）等原因，我们在高校人才培养阶段太过整齐划一了。具体到哪些课程是法学专业同学的通识基础课，

---

〔1〕 王印：《综合性大学的法学国际化人才培养模式研究》，载《当代教育实践与教学研究》2017 年第 6 期，第 80~81 页。

哪些课程适合大班教学，哪些课程更宜于由导师带领学习（比如法学方法论、学术论文写作），如何认定讲座、读书会、学术指导等活动的工作量，没有相应的配套政策，直接会影响部分培养目标的实现。

（二）建立以比较法教学为核心的多类别涉外法律教学课程设置

1. 明确设定比较法教学的目标

国际化怎么"化"是近十年来各国法学教育专家们关注较多的命题，一个普遍的共识是国际化不是学习国际法，而是掌握比较法。而比较法也不是用拿来主义的态度对待他国法制，而是要结合相应的培养目标。比较法学的教育目标无非有三个：法学学术训练、法学实务工作者（律师）培训和法学文化素养的养成。[1] 我们在前面已经提到，其实比较法学研究的资源和人才，近20年已经有了长足的发展，不再稀缺了。第三项法学文化素养的养成，既可是学术训练的基础，也可是一种个人学养的追求，对于法学学者而言他是研究基因，其他专业的人则是因需而趋，后一种情况可以说更普遍些。例如经济学、商学研究或实践领域的人，希望了解异域法制而提升视野，间接加强商业风险判断能力，当然也会关注文化素养方面。基于上述分析，本文认为，高校比较法教学的核心目标，还是应当定位在法律实务工作者，即跨国律师。当然明确中心并不意味着不能有其他满足国际化需求的培养目标，比如在英美的 LLM 项目主要是为有志于成为跨国律师的国际生开设的，SJD 项目是专门为回自己的国家从事

---

〔1〕　Jakab, András. "Dilemmas of Legal Education: A Comparative Overview." *Journal of Legal Education*, 57, no. 2 (2007), P253-265.

学术研究的国际生开设的。

2. 打破体系、突破制度介绍

以往比较法人才的培养，主要是让学生掌握不同体系的法律知识，尤其是要对本国的法律体系有非常扎实的基础。而学习外国法律的途径主要是让学生们向外国教授学习。有两种方法：一种方法是让学生到国外去学习，美国大学有很多这样的交流项目，尤其是到欧洲的大学取得相应的法学学位。另一种方法是把国外教授请到本国大学来讲学，在美国很多名校的网站上都可以看到这样的项目介绍。但是现在普遍存在的问题是，大量被冠以"比较 XX 法"的课程，其实不过是向外国学生介绍本国法，并无实质性的制度比较可言。[1] 对比较法的学习不宜基于体系，而是应该打破体系，由问题入手。在美国纽约大学、欧洲的一些大学，都尝试在同一门课程中，融入大陆法（Civil law）和普通法（Common Law）的知识。学习外国法实际上更有益于对本国法知识的掌握。

3. 通过比较法学习发掘推动社会进步的动力

真正的比较是让学生认识到同一个问题有两个以上不同的解决方案，这样才能鼓励他们形成自己的思考。通过对外国法律剖析，用批判性思维分析本国法律，也更有利于他们了解法律背后的理论和现实基础。学习外国法也可以让学生看到一些在本国法院根本不可能发生的案例，从而了解不同国家和社会的文化背景，再进一步促进他们对法律价值追求的理解。往更深入的角度说，比较不同并不是为了检验不同的规则可否使一个问题的解决

---

〔1〕 James Gordley, "Comparative Law and Legal Education ," *Tulane Law Review* 75, no. 4 (March 2001), P1003-1014.

达致同样的目的，而是引发学生的追问，我们究竟希望生活在什么样的社会？这才是法律要改进的方向，也是在解释法律和运用法律时更客观公正的思想基础。比较法的学习不能使法官采用外国的法律，也不能使律师援引外国制度，但是可以开阔他们的视野，更注重追求对事实表面下正义的理解。

（三）提升"反思性实践"教学所占比重

1. 实践教学是国际化法律人才培养的重要环节

实践是涉外法律人才能力培养的重要一环。实践性法律教育的组织过程应当是法学专业教师与实践指导教师共同合作的过程，建立一支专业法学理论指导教师与实践指导教师相结合的教学团队在改进实践教学效果中显得尤为重要。[1] 我们目前的法学教育体系中，对本科生和研究生的培养计划里，都增加了案例分析课，有些专业还设置了诊所课程。而国际化教学要与英美的经验主义法律体系相衔接，实践课程更是不可或缺的。但我们当前实践教学的开展还是零星的，不成体系的，尚未形成较清晰的理论支持。本文认为，实践教学的开展应当从两个方面入手：一方面是在国际化人才专业设置上，体现其实践性。如可以考虑将专业调整为英美法学、国际法学、争议纠纷解决、律师实务等方向，其中除国际法学为学理和实务并重外，其他三个方向均为实践性专业。事实上国际法学在本文看来是一个独立的学科，学科本身具有国际因素但并非法学教育的国际化表现。另一方面是在教学方法上的突破，实践教学更加注重运用的是法学学习中的说服模式和探究模式，以及通过诊断性课程训练逻辑思维，通过反

---

〔1〕　孟献策：《高校层面的涉外法律人才创新培养》，载《法制与社会》2021年第7期，第150~151页。

思性实践换位思考，这些可以作为国际化人才培养的特有方法。

美国有的法学院对跨国法学教育的课程设置的尝试，比如"全球化的法律"（Globalize and Law）作为一年级的入门课，另外还给学生开设国际法、法律冲突和比较法三个方向的课，作为全球化法律人才培养的课程组。[1]

2. 建立以"反思性实践"为核心的学习机制

法学实践性教学的开展，若要追求不徒有其表，首先须明确专业思维最好在"反思性实践"中学习，也就是学生在与老师互动的同时边做边学，教师的角色相当于教练，教只是其中一部分，更多的是要让学生有机会练习。教师是指导者但不是执手教会，学习者是参与者，而不是观摩者。与我们基础课的教学差异在于它更像一个"实习"的过程。这个过程中应当包含有两个方面的反思：一种是行动中的反思，既允许出错，不需要一步到位完成"实验"结果，要给学生充分的犯错、纠错、屡败屡战的机会。另一种是说服式反思，即教师和学生通过转换角色，教师的权威性被打破，学生独立思考的主动性会被激发。所以实践教学并不是把案例呈现给学生，宣告一下判决结果，或者进行理由分析就可以的。它应当是鼓励学生去熟练掌握一个完全不同的思维过程。

美国推动诊所教育的学者对将判例教学作为唯一教学方法的教育颇有质疑：案例教学不管对法律实务的价值判断还是技能培养都是至关重要的，但是，这种教育方法的局限在于学生只有一

---

〔1〕 Craig Scott, "A Core Curriculum for the Transnational Legal Education of JD and LLB Students: Surveying the Approach of the International, Comparative and Transnational Law Program at Osgoode Hall Law School," *Penn State International Law Review* 23, no. 4 (Spring 2005), P757-774.

种考试资料。经过长期的批评，诊所教育已为大多数法学院普遍接受。[1] 判例教学方法被批判的另一个原因是不适于促进对法律理论的理解。但是，对法律的解释、谈判技巧、文化差异和语言的多元性都没有引起重视，因为他们并不能说明对世界历史和理论的理解，会塑造律师们面对的价值选择。这也是为什么我们强调在实践教学中运用"反思性实践"方法的原因。

3. 通过项目式学习提升实践能力

国际化实践教育中，还有一个需要提升的技能，这也与我们之前提到的国际化人才评价标准密切相关。即当我们改变授课内容和方式，以实践能力培养作为国际化人才的学业目标，由兼职导师、跨国律师为学生指导解惑，以跨国业务为学生实习重点时，对学生达成培养目标的评价方式也应当有相应的调整，如改变以往以论证型学术论文为唯一评价方式的做法，引入研究报告式评价。目前我校已经在法律硕士毕业论文写作中，提出了鼓励撰写调研报告式论文倡议，但是呼应者寥寥无几，这是因为在没有调研工作基础的情况下直接撰写调研报告，几乎是不可能的，而调研工作的训练方法则是项目式学习。项目式学习主要是通过有逻辑的研究步骤完成所设定的研究目标，与我们现在开展的案例和诊所等实践课程学习方式均不相同，当然与传统的基础课差异更大。目前在法学硕士研究生学习阶段，有的导师会自发地开展项目式学习，按照自己的研究兴趣来设定主题、布置任务。但总体上由于导师学术工作的非实践性，不仅不能反映实践的需求，有时候更大的可能是服务于导师的学术兴趣需求，效果就很

---

[1] Claudio Grossman, "Building the World Community: Challenges to Legal Education and the WCL Experience," *American University International Law Review* 17, no. 4 (2003), P815-856.

不明显。未来在推进项目式学习时，在培养计划中就应当设定一些实践性选题，另外要严格按照项目式学习的步骤展开教学。具体项目式学习的步骤包括：①确定主题；②罗列研究的系列问题；③设计提纲；④选取研究方法；⑤制定资料收集计划；⑥收集资料；⑦做好资料分析准备；⑧翻译、诠释、分析资料；⑨报告、发表研究成果。[1]

　　综上所述，法学国际化人才培养是世界经济发展和人类文明进步大势所趋，各国大学法学院都在积极应对这一时代变迁。我国正在面临职业教育体系的重构，这无疑也是法学职业教育革新的契机。在这个系统工程中，统筹布局、资源整合、学制改革、学历设计、课程调整、师资储备、生源甄选、平台建设等各方面工作均需更完善的教育政策的指导，和多元化的教学管理模式来落实。无论如何，从基础教育培训缩减、大量国际留学生回流、职业教育升级等社会背景因素来看，法学教育国际化正当其时！

---

　　[1]　Colin Robson & Kieran McCartan, Real World Research, *A Resource for User of Social Research Methods in Applied Settings*, 2016 John Wiley & Sons Ltd, p25.

百花园

Spring Garden

论高校学科建设中的"根、茎、叶"*

◎孙昊亮　程雨薇**

摘　要：学科建设是高校工作的龙头，高校的三大基本功能：科学研究、人才培养和社会服务也体现在学科建设中。此三者如同一棵大树的"根、茎、叶"，相辅相成、互为依托。科学研究作为"根"，是高校学科建设的基础，要以创新性为引领，避免过度"功利化"，同时立足科学发展前沿；人才培养作为"茎"，为国家培养栋梁之材，不同类型的高校应有不同侧重点，研究型高校应致力于培养拔尖创新人才，应用型高校则应立足于产教融合培养高水平应用型人才，服务区域经济发展；社会服务作为"叶"，是高校科学研究和人才培养

* 西北政法大学"文化产业法"青年学术创新团队和"陕西高校人文社会科学青年英才支持计划"成果。

** 孙昊亮，西北政法大学教授、研究生院院长，法学博士；程雨薇，西北政法大学博士研究生。

功能的延伸，高水平的学科建设必须要以为国家和社会发展服务为导向。

关键词：学科建设 科学研究 人才培养 社会服务

在高等教育强国战略大背景下，2015 年，国务院印发了《统筹推进世界一流大学和一流学科建设总体方案》，其重要原则之一是坚持以学科为基础。学科一词内涵十分丰富，从不同的角度去理解，会得出不同的定义。从语义内涵出发，学科是关于某领域内知识的集成，是系统化的知识体系。从高校建设角度来看，学科是高校的功能单元，是高校实现其功能的核心载体。[1] 高校的学科建设主要体现在科学研究、人才培养和社会服务三个方面。如果将高校学科建设比喻成一棵树，科学研究就是树的"根"，是学科建设的基础；人才培养是树的"茎"，为社会培养栋梁之才；社会服务是树的"叶"，是根和茎的延伸，既汲取社会的养分，又为社会提供智力支持。

一、高校学科建设的"根"——科学研究

（一）高校学科建设不能成为"无本之木"

19 世纪初叶，科学研究开始进入高校并实现体制化。[2] 自此，高校中的学科同时承担着教与科研两项职能。为了实现我国 2035 年进入创新型国家前列，建成人才强国的战略目标，高校既要制定实施基础研究人才专项，长期稳定支持一批在自然科学领域取得突出成绩且具有明显创新潜力的青年人才；又要研究编制

---

〔1〕 别敦荣：《论大学学科概念》，载《中国高教研究》2019 年第 9 期。
〔2〕 周光礼等：《科教融合学术育人——以高水平科研支撑高质量本科教学的行动框架》，载《中国高教研究》2018 年第 8 期。

哲学社会科学和文学艺术人才发展规划，为构建中国特色哲学社会科学、繁荣发展社会主义文艺提供坚实人才支撑。[1]现代高校培养创新型人才不能只依靠简单的知识传承，必须以能力、素质培养为核心，充分发挥科研的育人功能，突出培养学生的科学精神、创造性思维和科研能力。[2]德国和美国大学的经验表明，通过高水平的科学研究支撑高校人才培养，已成为全面提高高等教育质量的关键。

也许本科时期，学生还可以只学习教师课堂上讲授的内容，期末突击复习"死记硬背"完成考试任务，拿到毕业证。但是，进入研究生阶段，传统的灌输式被动学习模式远不能培养出能引领社会发展的高质量人才。研究生需要对某一领域的问题产生更深层次的思考与学习，培养批判能力与创新能力。科学研究是系统性地提升其高阶思维能力的最佳途径。学生参与具体的科研项目，不仅是一个确定问题和寻找答案的学术研究过程，而且也是一个引起批判思维和开发探究智能的方法。[3]毕业后可能部分学生未从事与所学专业相对口的工作，但在高等教育阶段进行的科学研究中培养出的发现问题、思考问题和解决问题的能力可以适用于不同类型的工作，使其受益终身。洪堡曾说"在大学中，听课只是次要的事情；重要的是，使学生与情趣一致、年龄相同以及具有自觉性的人紧密合作。"[4]科学研究为这种紧密合作提供

〔1〕　习近平：《深入实施新时代人才强国战略　加快建设世界重要人才中心和创新高地》，载《求是》2021年第24期。

〔2〕　周光礼：《高校人才培养模式创新的深层次探索》，载《中国高等教育》2012年第10期。

〔3〕　周光礼等：《科教融合 学术育人——以高水平科研支撑高质量本科教学的行动框架》，载《中国高教研究》2018年第8期。

〔4〕　周川：《从洪堡到博耶：高校科研观的转变》，载《教育研究》2005年第6期。

了机会，教师发起项目，搭建科研平台，师生在这个平台中协同努力。不管是社会科学的田野调查，还是自然科学的实验模拟，学生不仅可以直接学习到最新的科研成果，了解最前沿的科研问题，教师还可以将自己的学术精神、态度、思维通过师生互动潜移默化地传递给学生。高校人才队伍中的院士、学术带头人和学术大师应充分发挥他们在人才培养方面的积极作用。

越高层次的科学研究，教师与学生的角色区别越模糊，教师不再只负责讲授自己已知而学生未知的知识，而是同学生一起踏上探索未知的旅程。从高校组织内部来看，两者之间是师生关系，但从更广的维度出发，教师与学生都是国家的人才，科学研究让国家人才储备得以良性循环。可以说，学科发展、科学研究和研究生教育三者之间，存在着天然的相互促进关系。[1]

相比现代高校中科学研究与人才培养的天然内在相关性，学科建设中，科学研究与社会服务的关系稍显复杂。科学研究一直是高校知识生产的主要方式。传统的知识生产模式是"为科学研究而科学研究"，知识生产的主体是有着共同学术追求和研究领域的学者们组成的学术共同体，他们对知识的探究完全凭借个人的兴趣和爱好，并不认为知识是用来改变世界的主要工具。这种模式下的知识生产组织是封闭的，且有明确的边界，以"校—院—系"纵向科层式结构为基础的学术组织内部有稳定的学科规范和学术规训，学者只专注于自己学科内部的学术研究。传统知识生产模式"孤岛化"明显地体现为高校与社会之间存在区隔，

---

〔1〕 冯向东:《学科、专业建设与人才培养》，载《高等教育研究》2002 年第 3 期。

即满足社会要求并不是衡量学科发展、科学研究成果的标准。[1]然而，高校和社会之间的高墙在几次信息技术革命中逐渐倒塌。随着人类社会面临的问题日益复杂，文化、科技的创新能力对国家发展愈发重要，新的知识生产模式表现为"高校—企业—政府"三重螺旋结构，"为了社会而科研"成为学术活动新的价值追求，解决国家、社会中的重大问题成为科学研究的主要目的之一。高校、政府、企业等多元主体间的多重价值取向和利益诉求影响开始着科学研究的方向、方法和方式。

在第四次科技革命的时代背景下，科学技术是国家的核心竞争力，谁掌握了更为先进的科学技术，就有可能打破原有的力量均势，对其他国家形成压倒性的优势。高校作为知识生产和科研人才的孵化地，是国家创新体系的主要执行主体。例如，美国东北部有依托哈佛大学和麻省理工学院的波士顿科研中心，东南部有依靠杜克大学、北卡罗来纳州立大学和北卡罗来纳大学的科研三角园，西部有依靠斯坦福大学和伯克利大学的硅谷工业园。正是这些高校为美国不同区域的高新技术产业区发展提供了不竭动力，从而有力地推动了美国科技创新的发展。当前中国正全力完成从科技追随型到科技领先型国家的蜕变。"十三五"期间，我国的创新型国家建设取得重大进展，未来五年，我国将以习近平新时代中国特色社会主义思想为指导，深入实施创新驱动发展战略。因此，高校推进以创新为引领的科学研究也是势在必行。坚持学术导向与问题导向相结合是以创新为引领的科学研究的基本原则，高校应始终承担提升国家与民族文化与科技创新能力，服

---

〔1〕　白强：《大学知识生产模式变革与学科建设创新》，载《大学教育科学》2020年第3期。

务更高质量发展，提升国家核心竞争力的时代重任。科学研究应围绕我国发展的现实需求，聚焦关系国计民生的关键技术研发，文化创新的核心命题，提供技术突破与创新方案。但科学研究在满足政府与市场的利益诉求，履行社会责任的同时，还应保持一份超乎于时代之上的理想主义情怀。[1]

高校最重要的使命是培养高层次创新型人才，但如果没有以创新为引领的科学研究，人才培养和社会服务都会成为"无本之木"。

（二）高校学科建设不妨多些"无用之学"

有用与无用是相对的。正如电磁波的发明人法拉第被质疑发明它有什么用时，法拉第回答说：你认为婴儿有什么用呢？婴儿可能没有任何用，但他（她）会成长、会学习、会成为有用的人。因此，急功近利的科学研究注定不会有长远的发展，我们不妨多些"无用之学"，为未来奠定发展的根基。科学研究切忌掉入"庸俗实用主义的泥潭"，服务于社会当然是科学研究的目标，但这种服务应当是长远的、客观的，有"身为汉臣，死食汉禄"的思想，否则历史无法发展，社会也不能进步。

当前我国高等教育背后存在经济理性的价值观导向，即适应经济增长需求是高校教育合理存在的唯一前提，高校教育作为上层建筑领域中的某一类活动需服从社会经济基础。这种"适应论"否认了知识生产和物质生产区别，忽略了大学"学术性"的本质。虽然知识生产活动通过输出知识产品渗透在社会的经济、政治、文化各个领域，但其本质上是一种主要依托于高等教育机

---

〔1〕 吴立保等：《知识生产模式现代转型视角下的一流学科建设研究》，载《江苏高教》2017 年第 4 期。

构进行的相对独立的学术创新活动，以追求真理为目标，学术自治和自由为原则，其存在于发展不以适应其他社会活动为前提。[1]

高校想要保持科学研究的可持续发展，就必须要求有思辨和批判能力的学术主体不断挑战学术权威，拓宽科研领域，更新科研理论和方法。高新科技革命时代，许多重大科学突破都已经不是在单一学科内部发生，而是在学科的交叉处、空白处产生。视野开阔，思维活跃的科研人员才是推动学科创新发展的人才支撑。然而在实践中，我国高校存在以"经济理性"为导向进行学科建设的问题，特别是在"双一流"的建设中，高校不免抱有急功近利的态度，专业课程的设置、学科平台的建立都只是为了符合某些评价指标，过分强调短期办学效率和效益，忽略了高等教育自身的发展规律，"追求真理"的价值理性缺位。诺贝尔物理学奖获得者李政道先生曾讲"我是学物理的，但我不专看物理书，还喜欢看杂七杂八的书"。[2] 也许所谓"杂七杂八"的知识短期内不能转化为知识产品服务社会，但它会内化于学术主体的思维方式之中，为将来的学术创新埋下了种子。

现代大学之父、德国柏林大学创办人洪堡曾说："国家决不能要求大学直接地和完全地为国家服务，而应当坚信，只要大学达到了自己的最终目标，它也就实现了，而且是在更高的层次上实现了国家的目标。"[3] 高等教育的终极目标不仅包括将人类已

---

〔1〕　展立新、陈学飞：《理性的视角：走出高等教育"适应论"的历史误区》，载《北京大学教育评论》2013 年第 1 期。

〔2〕　赵天池：《天语物道（李政道评传）》，中国计划出版社 2017 年版，第 47 页。

〔3〕　别敦荣：《论"双一流"建设》，载《中国高教研究》2017 年第 11 期。

有的和创新的知识与文明用来服务社会，开发学生潜能，培养全面发展的高素质公民，实现人的全面发展也是其应有之义。我国高校中"重理工，轻人文"的现象长期存在。一方面，由于理工科的科学研究更容易转化为现实生产力，政府或企业更愿意为其投入科研经费；另一方面，以论文产出为主的学科评价标准也更有利于理工学科，这些做法忽视了学科之间的差异性。牛津大学校长 Colin Lucas 指出："一流大学应该是在科技方面有很突出的成就，但是不能忽略其他人文方面的学科。……在发展科技的同时，不能只强调应用科学的发展，还要强调人文学科的平衡发展。否则，大学的发展就会扭曲。"[1] 社会科学、人文科学也许短时间内无法创造巨大的经济效益，但是科学技术快速发展的背后需要正确的价值观和道德观的引导支持。没有科学支撑的人文是愚昧的，但没有人文支撑的科学是危险的。我国高校的人文学科肩负着培育学生人文精神，传承中华优秀传统文化，宣扬社会主义核心价值观的重要任务，是学科建设中必不可少的一环。

（三）高校学科建设应当做到"引领未来"

新一轮科技革命正在加速到来，各国综合国力的竞争核心就是高科技产业的竞争，是自主创新能力的竞争。习近平总书记在十九大报告上强调："要瞄准世界科技前沿，强化基础研究，实现前瞻性基础研究、引领性原创成果重大突破。"[2] 2021 年 5 月，我国印发了《"十四五"时期教育强国推进工程实施方案》，

---

〔1〕 参见原春琳：《世界一流大学要保持文理平衡》，载《中国青年报》2001 年 4 月 30 日。

〔2〕 习近平：《决胜全面建成小康社会 夺取新时代中国特色社会主义伟大胜利——在中国共产党第十九次全国代表大会上的报告》，载《人民日报》2017 年 10 月 28 日。

明确规定高等教育的建设目标包含大力加强急需领域学科专业建设，加快破解"卡脖子"关键核心技术。高校作为科学研究，人才培养和创新发展的连接点，理应在前沿技术研究和突破性技术创新中发挥先导作用。世界主要发达国家都希望通过发展前沿学科抢占科技创新与产业发展的先机，继而维护国家的全球竞争力。除了传统民生、国防等关键技术领域外，人工智能、能源环保、量子技术、5G 通信等科等新领域也是各国前沿学科布局的重点。随着全球科技创新进入空前密集活跃期，我国高校应该通过预测及时判断科技创新的方向和趋势，超前部署和建设一些与科学前沿或与国家重大需求相关、未来可能成为学科高峰或办学特色的学科。前沿是学科的生长点，前沿的突破就是创新；前沿是改革和发展的突破口，突破前沿，学科就向前发展了。[1]

　　在知识生产模式内部现代转型和外部国家创新战略驱动的背景下，交叉学科是高校学科建设引领未来的新引擎。生物科学，量子化学、人工智能等无不是多学科交叉融合的产物。对于什么是交叉学科，国内外许多学者都对其做出定义，广义上交叉学科是指两门及以上学科的学科理论，研究方法，相互渗透，相互借鉴，相互作用形成新的学科的学术活动。[2]在大科学时代，学科从高度分化又走向了高度融合，某一学科内部的理论和方法发展遇到了瓶颈，往往要通过借鉴其他学科的理论或方法经验实现重大突破。比如，磁共振成像技术（MRI）就是物理学与医学交叉融合的结果。最近 25 年，交叉性的合作研究获得诺贝尔奖项的

〔1〕　刘献君：《论高校学科建设》，载《高等教育研究》2000 年第 5 期。

〔2〕　游士兵等：《高校协同创新中交叉学科发展路径探索》，载《教育研究》2014年第 4 期。

比例已接近 50%。[1] 21 世纪以来，国家在发展过程中遇到的科技、经济、社会等问题都具有高度的综合性和复杂性，单个学科的理论与研究方法往往难以提供完整的解决方案，不同学科领域的研究者必须跨越固有的学科边界，通力合作才能解决这些问题。可以说，学科交叉的科研模式是知识生产复杂化的内在要求，是科学发展的必然规律，也是经济社会发展的现实需求。[2]

世界一流大学普遍重视交叉学科的发展。麻省理工学院的跨学科研究中心和研究组织超过 60 个；斯坦福大学的 Bio-X 研究计划涉及生物工程、生物医学、生物科学三大领域。我国高校近年来也开始探索通过发展交叉学科提高科研和创新能力的路径。北京大学于 2006 年成立了前沿学科交叉研究院，在全国高等院校中率先开辟了跨学科研究的试验田。经过十多年发展，北大前沿科学交叉研究院现有纳米科学与技术研究中心、生物医学跨学科研究中心、定量生物学中心、生命科学联合中心、大数据科学研究中心等 10 多个研究机构，涵盖数学、物理学、化学、生物学、医学、工学等学科的众多交叉研究领域。2017 年，浙江大学设立"多学科交叉人才培养卓越中心"，涉及工学、农学、文科、信息、医药、海洋等多个学科交叉领域。2021 年，我国，我国已将"交叉学科"设置为第 14 个学科门类，这是我国学科设置方式的重大突破。在学科专业目录上直接体现交叉学科，可以增强高校、企业、社会等多方主体对交叉学科的认同度，为跨学科的科学研究提供更好的制度保障。学科建设是一个长期且循序渐进的

---

〔1〕 参见李立国、张茂聪：《建设一流学科要重视学科群与交叉学科》，载《光明日报》2017 年 9 月 4 日，第 11 版。

〔2〕 李志峰等：《知识生产模式的现代转型与大学科学研究的模式》，载《创新教育研究》2014 年第 3 期。

过程，前沿科学的发展需要完整的知识体系提供强有力的支撑。所以必须科学对待理论学科和应用学科的关系，特别是那些短期内难以见效，但对未来和整体发展至关重要的基础理论学科。

值得注意的是，交叉学科不仅发生在理工学科内部，随着互联网、大数据、人工智能等科技飞速发展，科技革命的浪潮也为人文社会科学的未来发展带来了挑战与机遇。例如，近年来，法学与人工智能、大数据处理技术的结合日渐紧密，计算法学作为法学与计算机科学的交叉研究科学应运而生。人工智能、数据挖掘等最新技术与法学的对接可能为法学中的根本性、基础性和前沿性的问题提供新的视角，跨学科研究领域的拓展有助于完善法律制度和法学基础理论，为司法实践提供更具可行性的解决策略与方法，提高立法的科学性与司法的公正性、效率性。[1]

然而，当前我国现有高校学科组织的体制依然制约着交叉学科的发展。传统的纵向科层结构导致了学术边界过于僵化，科研人员局限于单一学科的思维方式之内，容易导致学术视野狭窄。此外，基于传统学科的资源配置方式和考核评价体系也不利于激发科研人员的学术积极性，抑制了交叉学科的发展。建设一流学科，首先，高校必须破除现有学术组织中的体制机制障碍，突破传统以院、系为基础的学术组织，搭建有利于不同学科背景的研究人员的交流合作平台，使其能够面向市场需求的前提下整合人才资源，组建科研团队。其次，高校应建立以问题研究为主的资源配置方式，完善交叉学科的教师聘任和评价体系，释放科研人员的学术活力，学科之间互享师资、学术资源，高校的科学研究

---

〔1〕　张妮、徐静村《计算法学：法律与人工智能的交叉研究》，载《现代法学》2019 年第 6 期。

更加灵活开放。[1]

(四) 高校学科建设需要和谐的 "生态系统"

单个学科作为高校的基础组织，其发展并不是独立完成的，而是需要与其他学科和外部环境有机联系，协同演进。学术界有学者借用生态系统的概念解读学科建设，认为学科生态系统是高校学科建设的基础和条件，没有好的学科生态系统很难支持学科高峰的发展。[2]

在学科生态系统的运转中，知识生产是学科生态系统的 "知识能"，它为学科的进化演变提供最初的动力之源。学科生态系统与社会环境生态系统相互作用、相互影响，通过吸收与摄取社会环境生态系统中的各类资源维持自身的生存与发展，并在特定的制度与政策的规训、引导之下，输出学科人才、科研成果、学科声誉等系统绩效。本文认为，学科生态系统的良性发展要注重优化学科结构以及营造有利于学科生长的文化氛围。

高校由多个学科构成，学科结构在很大程度上影响着高校整体竞争力。优化学科结构，高校首先要立足本校实际情况，把握未来科学发展大势，对本校学科结构做深入分析，依托优势学科和特色学科明确学科建设的总方向。优势学科与特色学科是学科生态系统生长发育的基石。[3] 优势学科和特色学科往往聚集着高校最顶尖的科研、师资资源，是高校整体水平和基本特色的集中体现。优势学科和特色学科为学校带来的社会资源和声誉会产

---

〔1〕 袁广林：《综合交叉学科发展的组织建构和制度设计——基于我国大学创建世界一流学科的思考》，载《学位与研究生教育》2018 年第 7 期。

〔2〕 张德祥：《高校一流学科建设的关系审视》，载《教育研究》2016 年第 8 期。

〔3〕 宋亚峰等：《一流大学建设高校的学科生态与治理逻辑》，载《高等教育研究》2019 年第 12 期。

生辐射效应，从而反哺整个学校发展。但在强调优势学科的同时，也不能忽略学科结构的多样性。一个和谐的学科生态系统里除了优势学科，特色学科，一定也包含着相对劣势、规模较小的学科。如果办学者一味地依据"学术 GDP"来分配资源，甚至裁撤基本的学科建制，人为地破坏学科生态环境，这或许在当下显示不出任何策略上的失当，但从长远发展来讲有可能影响学科交叉的知识增长点，不利于学科建设的长期发展。[1]多样化的学科设置为交叉学科的发展、不同层次的学科协同创新起到了积极推动的作用。

学科文化的基本内涵是大学相关学科领域内的学者，经过长期的学术活动，积淀出相似的思维方式，共同的价值取向和行为规范。它是由上一代人传给下一代人而积淀下来的、本学科的文化遗产和知识传统。[2]学科文化不仅能够给予相关学者身份认同感，还能作为一种精神力量对学科生态系统产生潜移默化的影响。如果一个学科的整体氛围是故步自封的，那么研究人员的科学研究也很难与时俱进，更别说走在世界前列。所以，学科建设要注重对学科文化进行有意识的引导和培养。营造相对自由开放的学科文化氛围，鼓励跨学科交流，打破孤立封闭的文化生态，推动科研人员之间、师生之间的思维碰撞，培育奋发向上、积极探索、宽容失败，不惧权威的高校文化。

---

〔1〕　武建鑫：《学科生态系统：核心主张、演化路径与制度保障——兼论世界一流学科的生成机理》，载《高校教育管理》2017 年第 5 期。

〔2〕　陆根书、胡文静：《一流学科建设应重视培育学科文化》，载《江苏高教》2017 年第 3 期。

二、高校学科建设的"茎"——人才培养

培养人才是国家和民族长远发展的大计，当今世界人才的竞争首先是人才培养的竞争。[1] 人才是知识生产的源泉，人才培养是高校的核心活动，高校的学科建设要靠人才队伍来推进。学科是人才培养基础，没有高水平的学科，很难培养高质量的人才。同科学研究一样，人才培养质量的优劣是衡量学科建设的关键指标，高水平的人才是学科建设可持续发展的重要保障。国家各项重大战略的推进和社会和谐发展需要各领域各层次的人才。按照人才培养的规格（博士、硕士、学士、专科）、类型（学术人才与理论人才、应用人才、技能人才），以及高校学生学科专业和高校学生就业的行业职业，我国高等学校分为研究类高校、应用类高校两个大类。[2] 研究型高校以基础学科和应用学科为主，研究高深学问，培养拔尖创新的研究人才；应用类高校面向区域经济社会发展、行业技术进步的需求，培养具有较强理论基础和实践能力的应用型人才。

（一）培养拔尖创新人才是研究型高校的最终目标

知识经济时代，知识创新能力是促进经济持续增长的关键要素。研究型大学作为我国高等教育系统的重要组成部分，是培养创新型人才的摇篮，是国家基础研究的主要力量和国家经济发展的科技支撑和智力保障。[3] 然而，不论是质量亟待提高的科学研

〔1〕 习近平：《深入实施新时代人才强国战略 加快建设世界重要人才中心和创新高地》，载《求是》2021 年第 24 期。
〔2〕 李立国、薛新龙：《建立以人才培养定位为基础的高等教育分类体系》，载《教育研究》2018 年第 3 期。
〔3〕 何晋秋：《建设和发展研究型大学，统筹推进我国世界一流大学和一流学科建设》，载《清华大学教育研究》2016 年第 4 期。

究，还是割裂的教学与科研，都限制着我国研究型高校人才培养基本功能的实现。

我国的研究型大学发展起步相对较晚，20世纪90年代，伴随着国家的改革开放和经济崛起，"211工程"和"985工程"的开展推动了我国研究型大学的实践尝试。2015年开始的"双一流"建设标志着我国的研究型高校发展进入了新阶段。经过30年的发展，我国的研究型高校建设已取得了长足的发展，但仍存在不少问题。科研数量与质量的矛盾依然是我国研究型大学亟待解决的核心问题。[1] 作为最高端的知识生产主体，研究型高校科研成果的质量大都缺少前沿性或原创性，与国家和社会的要求之间还存在较大差距。高校即使掌握一批原创性成果，大部分也没有转化为现实生产力，没有为产业结构升级、技术创新提供有力支撑。与此同时，近年来国家对高校科研经费投入逐年上升，绝大部分科研经费涌入了如"985工程"或"双一流"名校。在外部资源的驱动下，这些研究型高校的科研功能被不断强化，甚至逐渐与教学相对立，2015年年底，中央第八巡视组在给教育部的反馈意见中明确指出，教育部直属高校中存在的突出问题之一是重科研轻教学。[2]

与其他类型的高校相比，研究型高校拥有更雄厚的人才队伍、更充足的经费支持和更完善的科研设施设备，理应承担起培养更高水平的人才的重任。"双一流建设"的《总体方案》《实施办法》和《指导意见》这三个政策文件中都重点提及与部署了

────────────

〔1〕 王嘉毅、陈建海：《从研究型大学到创新性大学 我国高水平大学的发展方向》，载《高等教育研究》2016年第12期。

〔2〕 王严淞：《凝聚共识·交流理念·分享实践——"一流大学本科教学高峰论坛"综述》，载《中国高教研究》2016年第7期。

"拔尖创新人才"的培养。拔尖创新人才"主要是具有丰富的科学文化知识、高尚的思想道德修养、较高的创新意识、独立的研究能力和创造精神，在自己的领域中有较大影响且为社会做出突出贡献的高端人才。[1]

拔尖创新人才的"拔尖"体现在人才的高端性和稀缺性。在知识创新和科技创新的时代，拔尖创新人才是影响国家竞争力的核心战略性资源。作为先进生产力和先进文化的代表，拔尖创新人才不仅要有"发前人未发之秘，辟前人未辟之境"的创新能力，而且要有时代使命感，愿以一己之力为中华民族的伟大复兴做出贡献。

我国研究型高校人才培养是一个多层次的系统工程，涉及本科、研究生和博士生三个阶段。从 1978 年中国科技大学设"少年班"到 2020 年"强基计划"的颁布与实施，本科教育一直是我国拔尖创新人才的重要阶段，为拔尖创新人才的成长奠定基础。基础的内涵意味着学生在本科阶段不仅要饱览群书，拥有广博的知识，更要形成科学批判的思维方式和学习能力以及厚德载物的人格。研究生教育阶段，学生的创新思维是培养重点，特别是对博士生的培养强调其在相关领域的研究应站在国际最前沿，必须具有创造性和创新性。[2] 在具体的培养过程中，高校一要突破单一学科限制，发展跨学科平台，整合高校学科建设资源，建立跨学科课程体系，搭建科研平台，让学生在教师和科研团队

---

〔1〕 参见国家社会科学基金项目"研究型大学建设与拔尖创新人才培养"成果公报，载 http://cpc.people.com.cn/GB/219457/219471/219485/220183/221258/14621057.html，最后访问日期：2021 年 10 月 26 日。

〔2〕 何晋秋：《建设和发展研究型大学，统筹推进我国世界一流大学和一流学科建设》，载《清华大学教育研究》2016 年第 4 期。

的引领下，逐渐长成多学科知识融合发展的拔尖创新人才。二要将创新创业教育融入人才培养的全过程。但应注意创新创业教育与学科建设的融合，避免出现创新创业能力的培养和学科专业知识创新严重脱节的情况。三要提高拔尖创新人才的国际影响力。拔尖创新人才也是国际化的人才，高校应坚持开放办学，积极开拓多样化人才培养途径，鼓励、选派学生参加国际会议、竞赛，尝试探索高水平中外联合办学模式，引进优质教育资源，拓宽学生国际视野，增强学生国际竞争力。

　　教学与科研的疏离更多地体现在研究型高校的本科教育中，这也是影响其培养拔尖创新人才的重要因素之一。拥有高水平高层次的师资队伍是研究型高校培养拔尖创新人才的前提和保障。名师出高徒既是一句传统谚语，也在一定程度上解释了人才培养的规律。冯卡门被誉为 20 世纪最伟大的航天工程学家，师从空气动力学之父普朗特，而冯卡门自己的三位中国学生，钱学森、钱伟长和郭永怀都是中国科学界名垂千古的人物。由此可见，一流的老师才能培养出一流的学生。

　　从"211 工程"到"985 工程"再到"双一流"建设，以科研成果为导向的学术评价体系使得科学研究在研究型高校中的地位持续强化。许多研究型高校开始引入类似美国高校"非升即走"的教师评聘制度，强化考核，对固定聘期内未能晋升的教师不予聘用。[1] "非升即走"制度的重点在于学术水平上的竞争，特别强调对教师发表论文数量、质量以及所获科研项目类别的考

---

〔1〕　娄宇:《我国高校"非升即走"制度的合法性反思》，载《高等教育研究》2015 年第 6 期。

核。[1]因此，努力发表学术文章，申请科研项目成为高校教师，特别是青年教师的生存之道。然而，青年教师在高校中往往同时承担科研和本科生教学任务，一旦将大量精力投入科学研究，对于教学活动往往是有心无力。本科生的课程中有相当一部分是公共课或者专业基础课，不太涉及本学科学术前沿，但公共课能够拓宽学生视野，专业基础课帮助学生搭建基本的学科知识框架，这都是进行高层次知识创新活动的必要准备，重要性不言而喻。教学不同于科研，前者是知识的传播，后者是知识的生产，二者侧重点不同。好的研究者虽然有成为好老师的潜力，但需要投入大量精力才能成功地实现角色转换。

科研与教学在本质上并不是割裂的，特别是对于研究型高校，要想可持续地培养拔尖创新人才，必须实现二者的良性互动。一方面，科学研究中产生的知识是教学的物质基础，没有不断更新的知识，教学的内容会走向枯竭；另一方面，教学过程中产生的人才是科学研究不竭的动力之源，教学活动是科研成果实现代际传承的重要方式。研究型高校应以科教融合为原则优化教师的考评制度，不能因为科学研究容易被量化比较，就以科研评价替代整个教师的评价。高校重视教师的教学学术能力，鼓励教师以课程为桥梁，将学术成果转化为教学资源，对教师在教学上的投入予以制度保障。从学生的角度来看，研究型大学本科生的生源质量普遍较高，教师更容易结合科研课题开展启发式、探究式教学，培养创新人才。本科生在教师指导下参加科研项目，把所学知识融会贯通，从成功或失败的探索中养成问题意识和批判

---

〔1〕 黄文武：《大学教师"非升即走"制度安排的利弊分析》，载《江苏高教》2020 年第 6 期。

精神，提高分析问题和解决问题的能力。[1]

（二）产教融合是培养应用型人才的核心理念

经济新常态下，我国经济增长正加快从要素驱动、投资驱动转向创新驱动。2018 年 9 月，习近平总书记在全国教育大会上强调，要提升教育服务经济社会发展能力，着重培养，创新型、复合型、应用型人才。以服务发展需求为导向，培养具有良好专业知识和实践应用能力的高层次人才是应用型大学最重要的目标。

应用型人才首先要服务地方经济发展。改革开放 40 年，我国社会生产水平取得了历史性发展和飞跃，"落后的社会生产"已经不再是主要问题，取而代之的是发展的不平衡和不充分。区域财富占有不均是经济发展不平衡的突出表现。地方经济发展进入瓶颈期，区域竞争力的培育是知识经济时代下地区经济发展的动力，区域科技创新和知识溢出是区域竞争力成长的源泉。[2]高质量的应用型人才是支撑区域经济发展和科技创新的主体。"一带一路"建设、京津冀协同发展、粤港澳大湾区建设等重大区域发展战略的深入推进都需要高水平、高质量的人才来具体实施。因此，主要扎根地方的应用型高校的根本任务就是培养满足区域经济发展需求的应用型人才。

2015 年，为落实党中央、国务院关于引导部分地方普通本科高校向应用型转变的决策部署，教育部、国家发展改革委和财政部联合印发的《关于引导部分地方普通本科高校向应用型转变的指导意见》中明确规定"产教融合、校企合作"既是高校转型发

〔1〕　钟秉林：《推进大学科教融合 努力培养创新型人才》，载《中国大学教学》2012 年第 5 期。
〔2〕　苏志刚：《高水平应用型大学建设探索与实践》，载《中国高校科技》2019 年第 6 期。

展的指导思想，也是基本思路和主要任务。从近十年高等教育改革实践的角度来看，应用型大学的转型升级必须遵循开放办学的基本思路，走"产教融合、校企协同"的道路。[1] 产教融合通常指的是通过教育发展和产业升级的协同互动，形成有机整体，解决高校人才培养与社会发展需求脱节的矛盾，促进经济的高质量发展。20 世纪 60 年代起，德国、瑞士、荷兰等欧洲国家陆续开始发展应用型大学，经过几十年的发展，通过培养大批高层次的技术人才，应用型高校为欧洲经济发展的产业结构优化升级做出了不可小觑的贡献。

产业发展需要的应用型人才主要是通过高校学科和其下设的各专业进行培养，所以应用型高校也要发展学科建设。在深化产教融合的过程中，高校学科实力是基础和依托。一所高校拥有的特色学科、优势学科越强，科研水平越高，它越能为企业和社会提供更好的服务。当前社会上存在一种误解，认为比起研究型高校，应用型大学的层次和水平更低。诚然，由于资源不足或平台有限，地方应用型高校没有教育部直属研究型高校在科研能力和师资力量上天然的优势，但服务地方经济转型发展，同样需要优质的师资力量和科研能力作保障，特别是兼具教学能力和实践能力的"双师双能型"教师。"双师双能型"教师是连接高校和产业的重要桥梁。一方面，教师通过参与校企合作，以最直观的方式认识行业对人才的实际需求，[2] 通过有效的师生交流，学生也能够及时了解经济社会发展中最亟待解决的问题到底是什么，

---

〔1〕 夏建国：《深化产教融合 加快建设高水平工程应用型大学》，载《中国高等教育》2018 年第 2 期。

〔2〕 徐金益、许小军：《产教融合背景下应用型本科高校教师的转型路径探析》，载《江苏高教》2019 年第 12 期。

并据此进行必要的职业规划。另一方面，产教融合下的"双师双能型"教师除了在高校开展科研，还可在丰富、深度的社会实践中实现知识的应用与创新，然后通过持续更新教学理念、内容、方式将最新实践所得反哺教学。如果学生接受的专业知识是最新的，与行业发展接轨和同步的，那么其在毕业后就能更快更好地回应社会发展的现实需求。

三、高校学科建设的"叶"——社会服务

（一）社会服务是科学研究和人才培养的延续

中世纪的大学只重视文学、法学、神学、医学领域的人才培养。1810 年柏林大学的创立确立了社会服务学研究也是高校的基本职能之一，但这些活动都发生在高校这座"象牙塔"内部，影响范围也很有限。现代高校的社会服务理念起源于美国。1862 年颁发的《莫里尔法案》（Morrill Act）奠定了美国大学服务于社会的法律基础。该法案出台后，一批研究农业与机械的公立大学得以建立发展，并将研究成果应用于国内农业及相关产业，开创了大学服务社会经济发展的先河。著名的德克萨斯农工大学的成立与发展就得益于该法案。第二次世界大战是美国高等教育发展转型的关键节点。二战期间，迫于战时的需要，大学的研究几乎全部投入军事领域，包括研究和发明原子武器、雷达等。[1] 此外，1944 年颁布的《军人安置法案》（Servicemen's Readjustment Act of 1944）不仅解决了大量退伍军人的福利问题，也掀起了美国国内的教育高潮，是美国高等教育大众化的开端。此后，1980 年国会

---

［1］　陈贵梧：《美国大学社会服务使命及其实现路径》，载《高等教育研究》2012年第 9 期。

通过了《贝多法案》。该法案为政府、高校、产业三方协同合作提供了有效的制度激励，加快了科技成果向市场转移的步伐。正是在高校社会服务功能的联结下，"政府—企业—高校"三螺旋模式极大地推动了美国的发展。20 世纪 90 年代至今，美国高校的社会服务功能一直处在强化发展阶段。1990 年，博耶（Ernest L. Boyer）首次提出"社会参与的大学"这一概念。他认为，当今时代赋予了大学全新的内涵，大学不再只是独立自由的学术组织，而正在发展成为通过跨学科的合作来解决各种实际问题的社会机构[1]。从那时起，美国高校逐渐将社会服务纳入对教师和大学整体的考核体系中，社会服务成为美国各高校重要的办学目标之一。纵观美国和其他发达国家高等教育建设发展历程，社会服务功能不断被强化是一个普遍趋势。英国政府在 1999 年设立"高等教育面向商业及社区溢出基金"的同时，也开始支持"高等教育与商业及社区互动项目"，对英国高校社会服务职能的履行进行资助和监督。[2] 2017 年，英国政府提出了"知识交换框架"政策，从合作研究、与企业共同工作、知识产权及商业化、公众及社区参与等七个领域评价高校社会服务功能，进一步推进了英国高校与社会的融合。

随着知识生产的工具属性和社会属性日益加强，高校早已不再是单纯的象牙塔，而是一个涉及学生、老师、政府、企业、社会的利益相关者组织。因此，高校学科建设的目标应当是实现所有利益相关者的整体利益最大化，而不能以某一部分利益相关者

---

〔1〕 李瑞琳、Hamish Coates：《我国大学社会服务职能发展：国际经验、现实问题与政策建议》，载《高校教育管理》2020 年第 4 期。

〔2〕 马星、冯磊：《以评价改革促进高校社会服务的英国实践》，载《中国高教研究》2021 年第 8 期。

的利益最大化为目标，否则就会顾此失彼。[1] 由于知识已经成为经济增长的重要引擎，高校在国家创新体系中占据关键地位。政府不仅出台一系列宏观政策支持高校发展，还为高校提供大量财政拨款，同时监督和评估高校的办学质量，所以一直以来，政府都是高校的主要利益相关者。此外，在市场经济中，企业也逐渐成为高校重要的经济来源，对其影响力也日益增强。但是科学研究和人才培养这两项基本活动主要围绕着教师与学生这两个高校的核心利益相关者展开，高校的科学研究、人才的培养必须统一于社会服务才能实现所有利益相关者整体利益的最大化。一方面，高校的科学研究能够帮助企业攻克技术难题，转化为现实生产力，推动国家经济发展。通过参与社会服务，高校又从政府、企业那里获得科研经费，投入更深层次的研究实践中，实现学校和社会发展的合作共赢。[2] 另一方面，高校培养出来的人才最终是通过各类社会实践服务于国家、社会和全人类发展的人才。可以说，社会服务是高校知识生产过程的外延和继续，让高校的知识生产有了更大的溢出效应。[3]

高等教育与经济社会发展深度融合意味着高校的学科建设离不开与外部主体的协同创新。协同创新是政府、企业、高校整合资源、实现互补，加速技术推动应用和促成产业化的科研新范

---

〔1〕　李福华：《利益相关者视野中大学的责任》，载《高等教育研究》2007年第1期。

〔2〕　李晓华、郑美丹：《提升大学人才培养质量的根本出路——构建大学三大职能的共生系统》，载《江苏高教》2020年第11期。

〔3〕　瞿振元：《知识生产视角下的学科建设》，载《中国高教研究》2019年第9期。

式。[1] 多元主体协同互动、深入合作，提高综合优势，能够产生更大的集成效应。斯坦福大学和硅谷工业园就是多元主体协同创新的典型例证。20 世纪 80 年代中期，斯坦福大学在工程和科学方面的学术成就使其跻身世界顶尖大学之列，与斯坦福大学一同崛起的还有全球高科技企业中心——硅谷。20 世纪 50 年代，被誉为"硅谷之父"的 Frederick Terman 时任斯坦福校长，在他的领导下，斯坦福通过向本地公司提供科学技术支持让大学直接和区域经济发展挂钩，发展成为了一个"企业型"大学。[2] 惠普公司的创立者之一就是斯坦福大学教授，且公司最早就位于斯坦福工业园区内。数据表明，旧金山湾区超过 2000 家高科技公司都是由斯坦福的校友或者教职员建立的，其中最著名的有硅图、雅虎、谷歌等公司。[3] 硅谷工业园所在的加利福尼亚州常年位于美国各州 GDP 榜首，这其中硅谷大大小小的高科技企业功不可没。2012 年，我国教育部和财政部联合颁发了《高等学校创新能力提升计划》（以下简称为《2011 计划》）。《2011 计划》以创新能力提升为突破点，大力推动协同创新，充分发挥高校作为科技第一生产力和人才第一资源重要结合点在国家发展中的独特作用，促进高等教育与科技、文化、经济有机结合。

（二）高水平的学科建设以社会服务为导向

《统筹推进世界一流大学和一流学科建设总体方案》明确指出，支撑国家创新驱动发展战略，服务经济社会发展是"双一

---

〔1〕　曹青林：《协同创新与高水平大学建设》，载《华中师范大学学报（人文社会科学版）》，2014 年第 1 期。

〔2〕　Adams S B. Stanford and Silicon Valley："Lessons on becoming a high-tech region"，*California Management Review*，2005，48：29-~1.

〔3〕　Adams S B. Stanford and Silicon Valley："Lessons on becoming a high-tech region"，*California Management Review*，2005，48：29-~1.

流"建设总体目标的重要组成部分。社会服务已经不只是科学研究和人才培养的附带功能，而是一种重要的价值导向，对我国高校学科发展有着举足轻重的影响。只有为经济进步、科技提升、文化创新、社会发展起重要影响力和推动力的大学与学科，才能称之为真正的一流大学与学科。[1]

为国家和社会服务的使命感始终贯穿于我国的高校建设发展过程。在新中国成立初期，通过政府实施的重点大学建设策略，我国高校为新中国建设培养了大批干部和各类专业人才。改革开放以来，在"教育必须为社会主义现代化建设服务、为人民服务，必须与生产劳动和社会实践相结合"方针的指引下，我国高校不断提高科研能力和人才培养质量，对国家经济建设和社会发展做出了不可小觑的贡献。但不可否认，当前我国高校的社会服务功能还存在一些不足。发展的不平衡是我国高校社会服务功能最亟待解决的问题。首先是地域间不平衡，东部沿海地区高校的社会服务功能普遍要强于西部内陆地区高校。改革开放后，沿海率先发展战略使东部地区经济率先崛起，高等教育领域也因此获得了更多资源得以快速发展，东部沿海地区高校的社会服务功能自然也就更强。但是，如果我们任由这种不平衡继续扩大，就会加剧不同区域间高校社会服务能力的差距，进而导致高等教育系统的全面失衡。[2] 高校社会服务的不平衡还体现在学科间的不平衡，科学研究中"重理工，轻人文"的现象同样存在于社会服务中。相比于理工科，人文社科的社会服务形式很多都是公益性

〔1〕 杨岭、毕宪顺：《"双一流"建设的内涵与基本特征》，载《大学教育科学》2017 年第 4 期。
〔2〕 李瑞琳、Hamish Coates：《我国大学社会服务职能发展：国际经验、现实问题与政策建议》，载《高校教育管理》2020 年第 4 期。

的，比如公共讲座、博物馆教育。这些服务的社会价值很难被量化衡量，难以得到科学合理的评价，导致相关学科的教师和学生缺少社会服务的意识和动力。此外，当前我国高校的社会服务职能的履行大都停留在经济领域，对社会其他领域的关注还不够。诚然，高校的科学研究和人才培养能否促进区域和国家的经济发展、科技进步是衡量学科建设和学校实力的重要标准，但是随着社会的发展，高校在社会生活中的作用不应局限于经济和科技领域。

深化高校"双一流建设"，改善区域间、学科间的不平衡发展是强化高校社会服务功能的前提。在区域不平衡方面，首先改善政府对教育资源的宏观分配，加强对西部高校师资、经费、教学科研关键设施的投入，通过信息技术共享东部高校教育资源，培育西部高校核心竞争力，缩小东西部高等教育质量差距。其次，西部高校应立足于所在区域具体发展状况，结合自身的特色学科、优势学科履行社会服务功能。在学科不平衡方面，要根据学科特点，构建科学的高校社会服务评价标准，强调人文社科社会服务的重要性。拓宽服务领域是强化高校社会服务功能的必要措施。高校的社会服务的范围应突破经济领域的限制，尤其是高校的人文社会学科，可以结合优势学科和区域定位，

在国家重大决策、中长期战略发展、地方及地区层次发展的重大问题等方面做出重要贡献，努力成为社会发展的"智囊团"。[1]高校可以提供高质量的社会服务，且这些服务产生的社会效益会更持久，更深远。

---

〔1〕 李庆豪：《提高人文社科类大学服务社会的质量》，载《江苏高教》2007 年第 2 期。

四、结语

高校学科建设是一个整体，反映着高校的三大功能，即科学研究、人才培养和社会服务。这三大功能各自独立，但又相互作用、相互支撑。科学研究是学科建设的基本载体。首先，通过对问题深入探索，科学研究是系统性培养学生批判性思维和创新能力的有效方法。其次，通过具体的科研项目，高校的学术氛围，学科的学术精神、态度、思维等精神层面的软实力可以在师生之间实现代际传承。知识经济时代，高校作为知识生产和科研人才的孵化地，承担着提升国家与民族文化与科技创新能力，提升国家核心竞争力的时代重任。因此，高校的科学研究必须面向国家、面向社会，坚持学术导向与问题导向相结合，推进以"创新"为引领的科学研究。但同时，高校的科学研究应保持一定的"纯粹性"，不能急功近利，要遵循高等教育机构自身的发展规律。当前，知识生产活动日益复杂，学科从分化走向融合，交叉学科是高校学科建设新的突破点。高校应努力破除制约交叉学科发展的体制障碍，推动不同学科研究人员之间的沟通合作，充分释放人才资源的活力，在前沿技术研究和突破性技术创新中发挥先导作用。

人才培养是大学最古老的功能，也是其最根本的任务。人才强国需要的是多层次的，能解决不同问题的人才。研究型大学和应用型高校应在建设创新驱动国家的背景下，找准各自的定位。拔尖创新人才的培养是多层次的系统工程，研究型高校应认识到同研究生教育一样，一流的本科教育也是一流高校的重要组成部分，不可顾此失彼，应注意科研与教学的平衡，加强教师教学能力在考评中所占比重，以"科教融合，学术育人"为导向培养学生。地方应用型高校应根据区域定位，大力培养满足区域经济发展的需求的应用型人才。依靠"产教融合，校企协同"，以"双师双能"型教师为桥梁，实现人才与社会发展的快速接轨。

科学研究和人才培养最终的目标是服务国家经济发展。我国高校的社会服务当前还存在着区域不平衡，学科之间不平衡以及社会服务领域单一的问题。因此，在"双一流"建设的深化阶段，高校完善社会服务功能应遵循以下思路：第一，加大对地方高校的资源投入，增强地方高校的核心竞争力。第二，地方高校应结合各自学科优势和区域定位，展开相应的社会服务。第三，高校的社会服务不仅能带来直接经济效益，人文社会学科的社会服务能在政治、文化领域产生更深远的影响。

高校"1+N"审计模式实现路径研究[*]

◎雷　珉　陈钰溪　王蕾娜^{**}

摘　要：在审计全覆盖的背景下，审计范围的扩大对高校内部审计提出了更高的要求，高校内部审计面临多重困境，上级部门适时出台了相关文件，为高校审计模式转变指明了方向。结合文件精神，高校内部审计在工作实践中逐渐形成了"1+N"审计模式，该模式相对于传统单一审计模式，在提升审计效率、发挥审计项目协同效应、提高审计质量、服务被审计单位等方面发挥了重要的作用。"1+N"审计模式的实现，需要整合优化各审计项目的审计流程，充分运用审计信息化平台。通过对甲高校A学院2020年"财务收支审计+内部控制

---

　　* 本文系中国政法大学科研创新项目资助（项目编号：21ZFGL63001），中央高校基本科研业务费专项资金资助。

　　** 雷珉，中国政法大学审计处副研究员；陈钰溪，中国政法大学审计处会计师；王蕾娜，中国政法大学审计处会计师。

审计"项目进行案例分析,进一步说明"1+N"审计模式在高校管理应用中的可行方案。在"1+N"审计模式的应用过程中,审计部门要与学校相关职能部门配合发力,从全局化角度推进学校治理体系和治理能力现代化。

关键词:"1+N"审计模式 实现路径 高校内部审计

一、引言

2015 年 12 月 8 日,中共中央办公厅、国务院办公厅发布《关于完善审计制度若干重大问题的框架意见》,根据该文件中审计全覆盖的相关精神要求,两办相应发布了配套的《关于实行审计全覆盖的实施意见》,第一次从国家层面详细阐述了审计全覆盖的目标要求、内容以及工作方法。高校内部审计机构在审计全覆盖的政策要求下,工作量大幅增加,目前高校开展的各类型审计项目内容有重叠之处,亟待通过审计模式的转变探索摆脱目前困境,力求在提高工作效率的同时保证审计质量。

2019 年 3 月,审计署发布《关于做好审计项目审计组织方式"两统筹"有关工作的通知》,通知提出要统筹审计项目以及审计组织方式。2020 年,教育部修订发布《教育系统内部审计工作规定》,该规定指出内部审计机构应当优化审计业务组织方式,加强审计信息化建设,全面提高审计效率,同时应当优化审计业务流程,完善审计全面质量控制。上级部门的政策为高校审计模式的转变探索指明了方向,"1+N"审计模式就是工作实践中审计项目统筹的一种形式。高校内部审计工作实务中,内部审计机构通常采用传统单一审计模式,该模式是指一次审计只涉及一个审计项目,只出具一份审计报告;而"1+N"审计模式是相对于传统单一审计模式而言的创新审计模式。"1"是指审计组一次进点，被审计单位统一配合审计工作，"N"是指开展多个不同类型审计项目，满足多项审计要求，取得多项审计成果并充分运用。

二、高校采用"1+N"审计模式的意义

"1+N"审计模式体现的是一种资源共享、过程共行、结果共用的理念，高校内部审计机构通过整合审计资源，在一次审计中融合多个不同类型的审计项目，避免重复审计，多维度、系统性地获取被审计单位的全面信息，不同类型审计项目交叉联动，促进审计工作提质增效。高校内部审计机构在实际工作中采用"1+N"审计模式对提升审计工作效率性、效果性和服务性方面具有重要意义。

（一）效率性：审计全覆盖要求下提升审计效率的需要

2018年5月23日，习近平总书记在中央审计委员会第一次会议上指出，要拓展审计监督的广度和深度，消除监督盲区。在审计全覆盖的要求下，各方面对高校内部审计需求越来越多，一方面要求审计的范围越来越广，另一方面要求提升审计质量。而受限于有限的审计资源配置，高校内部审计存在供给不足的问题。因此，高校内部审计供需矛盾突出。在这种情况下，为保质保量地完成审计任务，整合并充分利用有限的审计资源，转变传统单一审计模式是高校内部审计发展的现实选择。高校采用"1+N"审计模式，通过统筹安排审计项目、优化整合审计程序、合理分配审计资源，从而避免审计工作的重复，有效提升审

计效率。[1]

(二) 效果性：审计项目协同效应有助于审计质量提升

高校采用"1+N"审计模式，发挥不同类型项目的审计合力，不同类型审计项目采用的审计方法有所区别，"1+N"审计模式让不同方法实现优势互补，不同类型审计项目中获得的审计证据可以实现充分共享，针对相同问题获取的不同角度证据间实现相互印证。各方面审计力量高效融合，资源共享，充分挖掘提炼更具影响力的综合性审计成果，N 个审计项目产生的协同效应有助于提升审计质量，从而为被审计单位提供更具价值的审计建议，为学校领导决策提供扎实有效、全面系统的依据。

(三) 服务性：减轻被审计单位负担

高校内部审计机构开展审计工作时，需要被审计单位安排人员配合审计工作，这对于被审计单位来说，是额外的工作任务，在一定程度上是一种干扰和负担。高校内部审计机构一方面要履行审计监督的职能，另一方面也要服务于学校治理，在开展审计工作时应秉持服务性理念：尽可能减少对被审计单位日常工作的干扰，不给被审计单位增加不必要的负担。高校内部审计采用"1+N"审计模式，同时开展多个审计项目，缩短整体审计时间，整合汇总审计资料需求，提升审计沟通效率，有效减轻了被审计单位的负担，更好地履行服务职能。

三、高校"1+N"审计模式实现路径

在高校审计实务工作中，"1+N"审计模式下不同类型的审

---

[1] 杜欣、梁永研：《"两统筹"理念下绩效审计与经济责任审计协作模式探究》，载《内蒙古财经大学学报》2021 年第 1 期。

计项目同时进行，须将各审计项目的审计流程进行整合优化，同时充分运用审计信息化平台，助力解决模式实施中产生的问题，为实现模式施行的有益之处提供便利。

（一）审计计划环节

利用审计信息化平台的统计功能，对之前开展的审计项目的被审计单位、审计年度、审计类型以及发现的问题和整改情况进行梳理分类，明确哪些单位较长时间未经审计，明确一段时间内需要覆盖的审计范围，明确哪些单位以前年度审计发现问题较多、问题性质较为严重或整改情况不佳而须重点关注，将制定年度计划与长期规划相结合，关注学校总体改革发展目标和治理需求，统筹考虑审计项目的业务性质、审计范围和工作时间，将审计对象相同、可以一起实施的项目，作为"1+N"项目列入审计工作计划。

（二）审计准备环节

审计组组长按照项目分设基本审计小组，根据审计人员的业务能力和专长为各小组配置成员，同时审计项目和审计人员形成矩阵管理，相同或相关联的审计事项尽可能安排同一审计人员实施，专人专岗，提高专业性的同时还可以避免重复工作。各审计小组首先统一开展审前调查，然后再根据各小组审计重点分组实施进一步调查。各审计小组组长根据各项目具体情况撰写审计方案，明确审计范围，确定审计内容重要等级。[1] 审计小组通过召开碰头会学习各审计方案，讨论需要协同的事项，相应调整各方案，整合形成总方案。各审计小组将所需审计资料汇总，形成

---

〔1〕　郑玥：《"1+N"模式经济责任审计的实践》，载《财务与会计》2017 年第 17 期。

一份清单。审计组统一向被审计单位发出附有该清单的审计通知书，被审计单位根据清单准备一套资料，避免了传统审计模式下向不同小组重复提供资料的问题。审计组将审前调查结果、审计方案和被审计单位提供的材料通过审计信息化平台进行共享，便于审计组成员互通有无，明确审计重点。

（三）审计实施环节

审计实施环节要注重各审计项目的审计方法统筹，做到优势互补，将各项目的审计内容和重点整合汇总，项目之间相互借鉴审计成果，各小组通过审计信息化平台及时共享各自阶段性审计成果，通过研讨会等形式，充分讨论重点线索和突破路径，进一步理清思路、明确目标、形成共识，并根据实际情况适时调整审计重点和方向，确保审计内容无遗漏、审计工作不重复，保证审计资源优化配置、审计质量稳步提升。[1] 针对同时开展多类型审计项目背景下的工作量激增的问题，高校内部审计机构要进一步开发、不断动态完善审计作业系统的数据分析功能，将以前审计项目中的经验总结固化，并根据制度规定、数据间逻辑对应关系等构建数据分析模型，拓展审计数据分析的广度和深度，进一步提升"1+N"审计模式下的审计质量和效率。

（四）审计报告环节

严肃对待审计中发现的问题，在问题定性之前充分做好证据资料的收集和确认工作，各小组要充分有效沟通探讨，确保证据资料的充分完备性和真实有效性，以规避审计风险，保障审计建

---

〔1〕 王振旭、赵敏：《部门预算执行审计和经济责任审计"两统筹"探索》，载《审计月刊》2020 年第 9 期。

议的可行性。[1] 在审计沟通环节，各审计小组整合沟通事项后统一与被审计单位沟通，提升沟通效率和效果，避免给被审计单位增加不必要的负担，服务高校发展大局。

（五）审计成果运用环节

在审计成果运用环节，要统筹推进各审计项目的审计整改工作，统一对被审计单位提出要求，增强督促整改力度。[2] 要强化审计成果共享，深入挖掘分析各项目的审计报告，根据学校治理需求，梳理提炼出不同形式的审计成果，使审计成果更具针对性和影响力，下图1为高校"1+N"审计模式的主要实现路径。

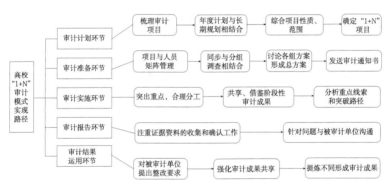

图1　高校"1+N"审计模式的主要实现路径

四、高校"1+N"审计模式运用实践

为了说明"1+N"审计模式在高校审计管理应用中的可行性，本文选择以甲高校A学院2020年"财务收支审计+内部控制

---

〔1〕　高尚国：《内部审计"1+N"审计模式创新》，载《中国内部审计》2019年第10期。

〔2〕　孙东、薛佳睿：《领导干部自然资源资产离任审计协同开展的实现路径》，载《审计观察》2021年第9期。

审计"项目案例作为样本进行分析。

（一）审计计划与准备阶段

甲高校内部审计机构利用审计信息系统的统计功能，筛查出近几年未开展过审计项目的单位，再结合本年度计划开展的审计业务类型和被审计单位的以前年度审计发现问题的整改情况，发现 A 学院近些年接受审计的频率和审计问题整改率与甲高校其他二级单位相比较低，且 A 学院由于合作办学数量较多，各年度收支数额较大，故确定 A 学院作为本次审计的审计对象，对其同时开展财务收支审计和内部控制审计。

甲高校内部审计机构首先成立两个审计项目组，根据项目需要和内部审计人员的专业知识背景，优化配置审计项目组成员，确定项目主审，两个项目组同步开展审前调查，明确审计方案和审计重点内容。其中财务收支审计项目组的审计重点是人员经费、办公经费、双一流资金、办班经费、发展基金和奖励基金等的开支情况；内部控制审计项目组的审计重点是内部控制流程管理情况、制度建立修订情况、办学管理、招投标管理等方面。结合审前调查情况，整合一份审计方案，出具一份审计通知书，与 A 学院召开一次审计进场会，告知其本次审计的范围和内容，了解其日常管理方面面临的问题，要求其按照审计资料清单的要求，通过审计信息化平台上传一份审计材料。

（二）审计实施和报告环节

根据审计工作方案，两个项目组同时在线开展审计工作，及时形成线上问题取证单，以便两个项目组成员之间可以随时共享问题清单，定期组织业务研讨会，集体讨论发现的问题，避免重复审计。对于发现的问题反复论证，查找恰当的依据，确保取证单上的问题都有迹可循，有据可依。在对问题达成项目组内部一致意见后与 A 学院相关负责人沟通确认，出具正式审计报告。相比以往每开展一个审计项目需要耗时 1 个月的时间，此次审计工作采用"1+N"的模式，在同样的时间里，通过整合同类工作内容，减少不必要工作交叉方式，不仅降低了 A 学院提交资料和沟通确认问题的次数，还取得多项审计成果，极大地提高了审计工作效率。

（三）审计结果运用环节

通过此次审计业务的开展，不但指出了 A 学院财务管理方面存在的财务风险，如预算安排不合理、办公费和交通费等开支较大，还发现了 A 学院在内部控制方面的管理漏洞，如"三重一大"制度范围不明晰、合作办学方面审核不严格以及部分采购项目未严格履行招投标程序等。此外还发现 A 学院在执行学校重大专项资金方面，存在执行率较低的情况。针对上述发现的问题，甲高校内部审计机构不仅在 A 学院的审计报告上列示，也及时向甲高校分管上述业务的归口管理部门出具管理建议书，如建议加强开放办学制度的制定与修订，强化对合作办学协议的审核管理，规范合作办学项目审批程序，重点关注合作办学单位办学资质情况等。同时提醒上述部门注意学校内部可能存在的类似风险，要及时查漏补缺，以提高学校的内部治理水平，降低办学风险。此外甲高校内部审计机构还加强与学校组织、人事和纪检监察等部门的合作，将审计报告中的相关问题与之共享，以实现学校内部监督合力效应。

五、结语

通过上文的分析，我们可以得出，"1+N"审计模式在高校审计工作实务中具备一定的可行性。在"1+N"审计模式下，高校内部审计机构可以通过重新梳理、整合、优化不同类型审计项目中的审计计划、审计准备、审计实施、审计报告和审计成果运用等环节，充分发挥审计信息化平台的作用，全面提升审计工作的效率性、效果性和服务性，从而应对审计全覆盖政策对审计工作提出的新要求，摆脱传统单一模式下内部审计工作的开展困境，更好地发挥内部审计工作在推进高校治理体系和治理能力现代化方面的作用。